四国遍路と世界の巡礼

四国遍路と世界の巡礼研究会＝編

法藏館

四国遍路と世界の巡礼◎目次

Ⅱ　アジアとヨーロッパの巡礼

四国遍路と世界の巡礼

はじめに

近年、「癒しの文化」として四国遍路が静かなブームとなり、全国からたくさんの人々が四国遍路に出かけています。なかでも最近は「歩き遍路」が増えているようです。また、二〇〇〇年九月には四国四県が「遍路霊場を全国、世界に発信できる場づくり」をめざして「いやしのくに四国交流推進協議会」を発足させ、二〇〇六年一一月には、四国四県による、四国遍路道の世界遺産登録への共同提案がなされました。

このように、四国さらには全国で四国遍路に対する関心が高まっているのですが、四国遍路についての学術的研究は案外少なく、その過去の歴史や巡礼としての特徴には、わからない点が多いというのが実状です。

こうしたことから、愛媛大学法文学部人文学科に所属する史学・日本文学専攻の教員が、地域に関わる共同研究課題として「四国遍路と世界の巡礼」を選んだのは、二〇〇〇年夏のことでした。その後、愛媛大学教育学部の教員、さらには他大学の巡礼研究者も加わって充実した研究チーム体制ができあがり、四国遍路と世界の巡礼について共同研究を続けてきました。このなかで私たちは、四国遍路の歴史的諸相を明らかにすると同時に、国際比較の視点をきちんともつことをとくに大切にしてきました。これは、四国遍路は国内外に多数存在する巡礼の一つであり、その特質を明らかにするためには、他の巡礼との比較研究が欠かせないと考えたからです。

この共同研究チームは、二〇〇一年から毎年、愛媛大学公開講座あるいは法文学部開放講座を開き、さらに二〇〇三年からは毎年秋に、「四国遍路と世界の巡礼」のテーマでシンポジウムならびに研究集会を開催してきました。

本書は、このようにして私たちが過去六～七年間に積み上げてきた研究活動の成果を、わかりやすく提供しようとして企画したものです。四国遍路のみならず、世界の巡礼に対する関心が内外で高まっているこの時期、確かな成果を提供できたのではないかと自負しております。本書によって、四国遍路と世界の巡礼に対する理解を深めていただければ幸いです（なお、わかりやすさを旨としたために、本書では引用資料の一部の文字を現用のものに置き換えた場合があります）。

四国遍路と世界の巡礼研究会を代表して　内田九州男

付記　本書は、「平成一六～一八年度愛媛大学研究開発支援経費（特別推進研究）」及び平成一七年度福武学術文化振興財団「瀬戸内海文化研究・活動支援助成金」による研究成果の一部です。

Ⅰ　四国遍路の歴史と諸相

遍路と巡礼

小嶋博巳

はじめに──「遍路」と「巡礼」

本書のキーワードは「(四国)遍路」と「巡礼」である。この二つの言葉について確認するところから始めよう。

二つの言葉のうち、より広い意味をもつのは「巡礼」である。この語は、日本語の古来の用法では、いくつもの聖地を巡歴する行為をさしている。よく知られているのは、近畿地方の観音霊場三十三カ所をめぐる西国巡礼と、それに倣った坂東三十三カ所・秩父三十四カ所の巡礼であろう。文脈によっては、この言葉がこれら観音霊場をめぐる旅の意味で用いられることもあった。しかし一般には、それ以外の多くの旅もまた「巡礼」と呼ばれてきた。たとえば六地蔵巡礼、七観音巡礼、阿弥陀四十八願所巡礼、法然上人二十五霊場巡礼、六十六部日本廻国、千箇《せんが》寺詣《じもうで》、それに四国遍路等々である。いずれも数か所・数十か所あるいはそれ以上にのぼる多数の聖地を、一つ一つめぐってゆく旅である。順番に拝してゆくという意味で、中世後期から近世にかけては「順礼」という表記も用いられていた。

「遍路」は、右のうちでもとくに四国の島を一巡する巡礼――現在のありようを前提にいえば四国八十八カ所をめぐる巡礼――をさす語である。次章以下で詳しく述べられるように、これは、四国のおもに海岸部をめぐるというこの巡礼地の立地をさす「へち（辺地・辺路）」の語に由来すると考えられている。本来、巡礼空間ないしは巡礼空間の環境をさす語であったものが、のちにそこを巡礼する行為（および行為者）をさすようになったのである。近世までは、「辺路」と書いて「へんろ」と読ませる表記も一般的であった。古くは各地にこの言葉で呼ばれる巡礼地があったとも考えられており、じっさい中世には「九州辺路」という用例（土佐清水市・金剛福寺蔵、不動明王画像墨書銘）も確認される。ただ、少なくとも近世以降は固有名詞的に四国の巡礼をさすのが普通で、今日では四国八十八カ所と、四国八十八カ所を各地にうつした小巡礼地（新四国などと呼ぶ）の巡礼に限って使われている。

ところで、注意しなければならないのは、日本語の「巡礼」という語には、右に述べたのとは異なるもう一つの用法があることである。こちらの用法では、より広く、聖地を訪れる宗教的な旅すべてをさして――ということはつまり、いくつもの聖地をめぐるのではなく、ある一つの聖地へ行って帰る旅をも含めて――「巡礼」と呼ぶ。日本語の「巡礼」は、広狭二つの意味をもつのである。

「巡礼」の二義

その文字を見てもわかるように、「巡礼」は本来、複数の聖地・聖所をめぐり、拝する行動をさす語である。石川重雄氏によれば、中国におけるこの言葉の用法は唐代にはすでに熟しており、敦《とん》煌文書《こうもんじょ》でも、「巡遊」「遊礼」「遍礼」などとともに聖地・霊蹟・諸寺院を経めぐる行為を意味して用いられていた。日本でも、平安時代中期に編纂された仏教説話集『法華験記《ほっけげんき》』中に、「日本国のいいいい中の一切の霊《あや》しき所に巡礼して」（巻中第六〇）とか、「処々の霊験の勝地を巡礼して」（巻下第八六）といった用例があって、あきらかに多くの聖地を巡歴する行為をさして使われている。そして、平安末期には畿内周辺の三十三カ所をめぐる「巡礼」、のちに西国巡礼と呼ばれる巡礼が成立し、以後の日本の「巡礼」の一つの範型となった。他方、日本には熊野や伊勢、あるいは善光寺や金毘羅のような特定の聖地をめざして参る旅もあったが、それらはけっして「巡礼」と呼ばれることはなかった。それらの旅はそれぞれ「熊野詣」「伊勢参宮」「善光寺参り」「金毘羅参り」であり、総称する場合には「物詣《ものもうで》」とか「参詣」と呼ばれた。「巡礼」は、あくまでも複数の聖地を経めぐる旅をさす言葉だったのである。

ところが、その経緯や理由については詳らかではないものの、キリスト教やイスラーム教の聖地への旅が紹介され、それらをさすヨーロッパ語（英語の pilgrimage など、ラテン語の peregrinatio 系の言葉）が翻訳される際に使われたのは、なぜか「巡礼」の語であった。もっとも、一七世紀初頭の『日葡辞書《にっぽじしょ》』がすでに Iunrei（巡礼）、Iunrei suru（巡礼する）をポルトガル語の peregrino や peregrinar にあてているので、この対応関係についてはヨーロッパ人の認識がさきにあったのかもしれない。いずれにしても、この結果、イェルサレムやメッカのような特定の聖地に参り、戻る旅をさして、「イェルサレム巡礼」「メッカ巡礼」などという言い方が生まれた。「巡礼」は、複数聖地の巡歴に限らず、聖地に参る旅全般をさす広義の用法をあらたに獲得したのである。

　今日、さまざまな宗教文化における聖地への旅を取り扱う際には、「巡礼」をこうした広義の用法で用いることが一般化している。そして、この用法に従うならば、熊野や伊勢に参る旅もまた巡礼の範疇に属することになり、「熊野巡礼」「伊勢巡礼」あるいは「善光寺巡礼」「金毘羅巡礼」「(出雲)大社巡礼」などの呼称が成り立つ。語の原義からは離れるとしても、「イェルサレム巡礼」「メッカ巡礼」という表現を容認する以上、これらも術語的用法として可能になるのである。

　このように、現在の日本語の「巡礼」には、伝統的・慣用的な狭義の用法と、訳語的・術語的な広義の用法の二つがある。この概念のずれを認識しておかないと、巡礼の比較論は奇妙なことになる。しばしば、日本の巡礼として西国三十三カ所や四国八十八カ所の巡礼をあげ、これをイスラーム教のメッカ巡礼やキリスト教のイェルサレム巡礼・サンティアゴ巡礼などと比較して、多神教の日本ではいくつもの聖地をめぐり歩く巡礼が行われ、一神教の世界では単一の聖地をめざす巡礼が行われる、とする類の議論を聞くことがある。しかしこれは、ここに述べた「巡礼」概念の二重性に気づかない、あきらかなカテゴリー・ミステイクである。日本でも、熊野・伊勢・善光寺・金毘羅等々、特定の聖地をめざすタイプの旅は無数に行われてきた。その歴史的・宗教的な重要性からみても、また巡礼者数からいっても、これらの旅を無視した比較巡礼論は意味をなさない。

往復型と回遊型――巡礼の類型論

ここまでの記述でもわかるように、巡礼（広義の巡礼）には、ある特定の聖地に参って帰ってくるタイプと、いくつもの聖地を順次経めぐるタイプとがある。これを往復型の巡礼と回遊型の巡礼と呼んでおこう。右に述べてきたように、日本語がもともと「巡礼」と呼んでいたのは後者に限られていた。

この往復型／回遊型という分類は、ほぼ同じ意味で、直線型／円周型、あるいは単一聖地型／複数聖地型と表現されることもある。ただ、直線／円周の語は実際の巡礼の軌跡とはかけ離れているといわざるをえず、また、単一聖地型とされる巡礼でも、巡礼路に点在する多くの小聖地を経由したり、目的地がいくつかの聖地からなる複合体であったりと、単純に「単一」聖地と呼ぶことが躊躇される例は少なくない。たとえば、中世まで日本で最大の巡礼であった熊野詣の場合、巡礼者は熊野に至る道中、九十九王子《くじゅうくおうじ》と呼ばれる小聖地を順次拝みながら旅を続けたのであり、また目的地の熊野も、本宮・新宮・那智の三山からなる複合的な聖地であった。似た構造は、伊勢参宮や、あるいはメッカ巡礼・サンティアゴ巡礼などにも見出すことができる。「単一聖地型」という表現にもまた、実態との少々の乖離があると思われる。

ただ、たとえ複数の聖地を経由するにせよ、巡礼の過程全体を意味づける究極の目的地が厳としてあり、ほかならぬそこへの到達こそが巡礼の成就であるという求心的な構造と、そのような中心をもたず（いうまでもないが八十八番大窪寺《おおくぼじ》は四国遍路の目的地ではない）、聖性は何か所もの聖地に分散されていて、あたかもそれらを綴り合わせるように一つずつめぐってゆくことで巡礼が成就する構造とのあいだには、やはり無視しがたい差違がある。日本語が両者を呼び分けてきたことには、理由があるというべきであろう。ここでは往復型／回遊型の語によって、両者を区別しておきたい。

　なお、往復型／回遊型は、巡礼を類型化（タイプ分け・分類）する一つの方法である。巡礼は、このほかにもさまざまな指標によって分類することができる。巡礼を成り立たせる基本的な要件の一つが聖地であるとすれば、まず考えられるのは聖地の特性によって分けるやり方で、往復型巡礼／回遊型巡礼（聖地の構造による分類、ないしは聖地の構造に起因する移動の形態による分類である）のほかにも、次のような類型論がありうる。

①聖地の信仰圏の広狭による分類……広域信仰型巡礼／地域限定型巡礼
②聖地の開放性による分類……開放型巡礼／閉鎖型巡礼
③巡礼期の限定の有無による分類……随時型巡礼／時間限定型巡礼

①はどのくらいの範囲から巡礼者が集まるかによる分類である。広い／狭いの二分法では相対的な分類にしかならないが、地域・民族・国家などの概念と関係づけることで、有効な分類とすることは可能である。②は、巡礼者の資格が問われる巡礼とそうでない巡礼とを区別しようというもの

である。閉鎖型としてよく知られているのは、ムスリム（イスラーム教徒）以外の参加を許さないメッカ巡礼であろう。日本にも、宗派・教団の檀信徒に限定された巡礼は多々あるし、修験道の峰入りなども修験者に限られた閉鎖型の巡礼といえる。③は、いつでも自由に巡礼できるものと、巡礼すべき〝時〟が定められているものとの分類である。時間限定型として有名なのはこれもメッカ巡礼で、ハッジ（大巡礼）はイスラーム暦のズールヒッジャ月にのみ行われる。日本ではむしろ地域の小規模な巡礼のなかに、特定の時季だけの年中行事となっている例が多い。こうした時間限定型の巡礼は祭りとしての性格をあわせもち、しばしばそこには祝祭の興奮が伴う。宗教学者の星野英紀氏に巡礼を激奮型／静寂型に分ける興味深い類型論があるが、この時間限定型／随時型という分類と重なるところが大きい。

巡礼のもう一つの構成要素、巡礼者の側に指標をおいた類型論も、当然可能である。次のような類型論がそれに相当する。

①巡礼者の宗教的ステータスによる分類……修行者の巡礼／民衆の巡礼

②巡礼者の集団性・組織性による分類……個人巡礼／集団巡礼／集団の代表としての巡礼

ただし、聖地に指標をおく類型論が聖地単位に把握される巡礼のシステムの分類となるのに対して、巡礼者に指標をおく類型論は個々の巡礼行為の分類とならざるをえない。

回遊型巡礼の〝型〟

さてでは、四国遍路を含む回遊型巡礼――日本語の本来の用法における巡礼――について考えてみよう。先述のように、世界の巡礼と比較しようとするとき、日本の巡礼として回遊型巡礼だけを取り上げるのは適当ではない。ただ、日本の宗教文化がこのタイプの巡礼を発達させてきたことも、また確かなことと思われる。

西国巡礼や四国遍路をはじめとする日本の回遊型巡礼の多くには、共通する〝型〟とでもいうべきものがある。巡拝対象となる聖地群が明示的にある聖数で構成されていること、聖地群は何らかの共通の要素をそなえていること、さらに一つ一つの聖地に第何番といった番次が与えられて巡拝順がいちおう規定されていること、がその特徴である。実質的にモデルとなったのは、平安末期に成立した三十三カ所巡礼、つまりのちの西国巡礼であろう。三十三は、観音菩薩が三十三の応化身（衆生済度のための仮の姿）をとって現れるという『法華経』普門品（観音経）の説に由来するもので、畿内周辺から観音聖地を三十三選び出し、それに一番から三十三番までの番次を付して回遊するルートを設定しているのである。そこで、右に述べた〝型〟をかりに三十三カ所モデルと呼んでおく。

聖地群を束ねる論理、つまり聖地の共通性には、西国三十三カ所のように同種の神仏を祀るというものと、いずれもある一人の聖者のゆかりの地であるというものとが区別できる。前者の例には、観音の三十三カ所のほか、六地蔵・三十六不動・阿弥陀四十八願所・四十九薬師などの巡礼が

図１　西国三十三カ所第一番札所　那智山青岸渡寺

あり、後者に属すものに、空海の遺跡をたどるとされる四国八十八カ所の遍路や、法然上人（円光大師）二十五霊場巡礼、親鸞聖人二十四輩詣などがある。日本の巡礼研究では両者を本尊巡礼／聖跡巡礼（聖蹟巡礼）と呼び分けてきたが、これは回遊型巡礼のなかを聖地群の統合原理によって分類する類型論ということになる。

日本には、厖大な数の「○○××カ所」と称する巡礼地――つまり三十三カ所モデルの巡礼地が存在する。田中智彦氏によれば観音をめぐる三十三カ所巡礼地だけで全国で六〇〇余が確認されるというから、それ以外のものも加えれば、こうした形の巡礼地は一〇〇〇をはるかに超えることは間違いない（それぞれで巡礼が行われ続けているかどうかは別問題であるが）。これらの巡礼地の開創の一つのピークは近世中後期とみられるが、近代以降も廃れたわけではなく、近年はむしろ巡礼ブームといわれるものの一つの現れとして、各地にさまざまな名称を冠した巡礼地が創出されている。そこではほぼ例外なく先述の〃型〃が踏襲されており、乱暴な言い方をすれば、一定の範囲に分布する既存の寺社を何らかの論理によって一つのグループにまとめ上げ、番号をつけさえすれば、巡礼地が出現するのである。たとえ一つ一つの聖地の求心力では多くの巡礼者を引き寄せられなかったとしても、それが束ねられたときに出現する聖地と聖地をつなぐ行程、別の言い方をすれば経めぐるという行為そのもののもつ力が、人を巡礼に誘い出すといってもよいであろう。そして、いくつもの地点を番次に従って一つ一つたどるという行為は、かりにそれがどんなに狭い範囲内のことであったとしても（じっさい日本の三十三カ所モデル巡礼地には、徒歩でも半日からせいぜい数日程度でめぐれる小規模のものが多いのであるが）、日常とは異なる空間移動を体験させ、巡礼が巡礼であるために不可欠の非日常性を現出する。三十三カ所モデルは、巡礼地の大量生産を可能にしたといってよい。

聖地の固定していない巡礼

ただし、同時に注意しておかなければならないのは、日本の回遊型の巡礼のなかには、右に述べたようなモデルによらないものもまたあったということである。六十六部や千箇《せんが》寺詣《じもうで》という巡礼がそれである。

六十六部は日本廻国ともいい、日本全土六六か国の国ごとのしかるべき聖地に『法華経』を奉納

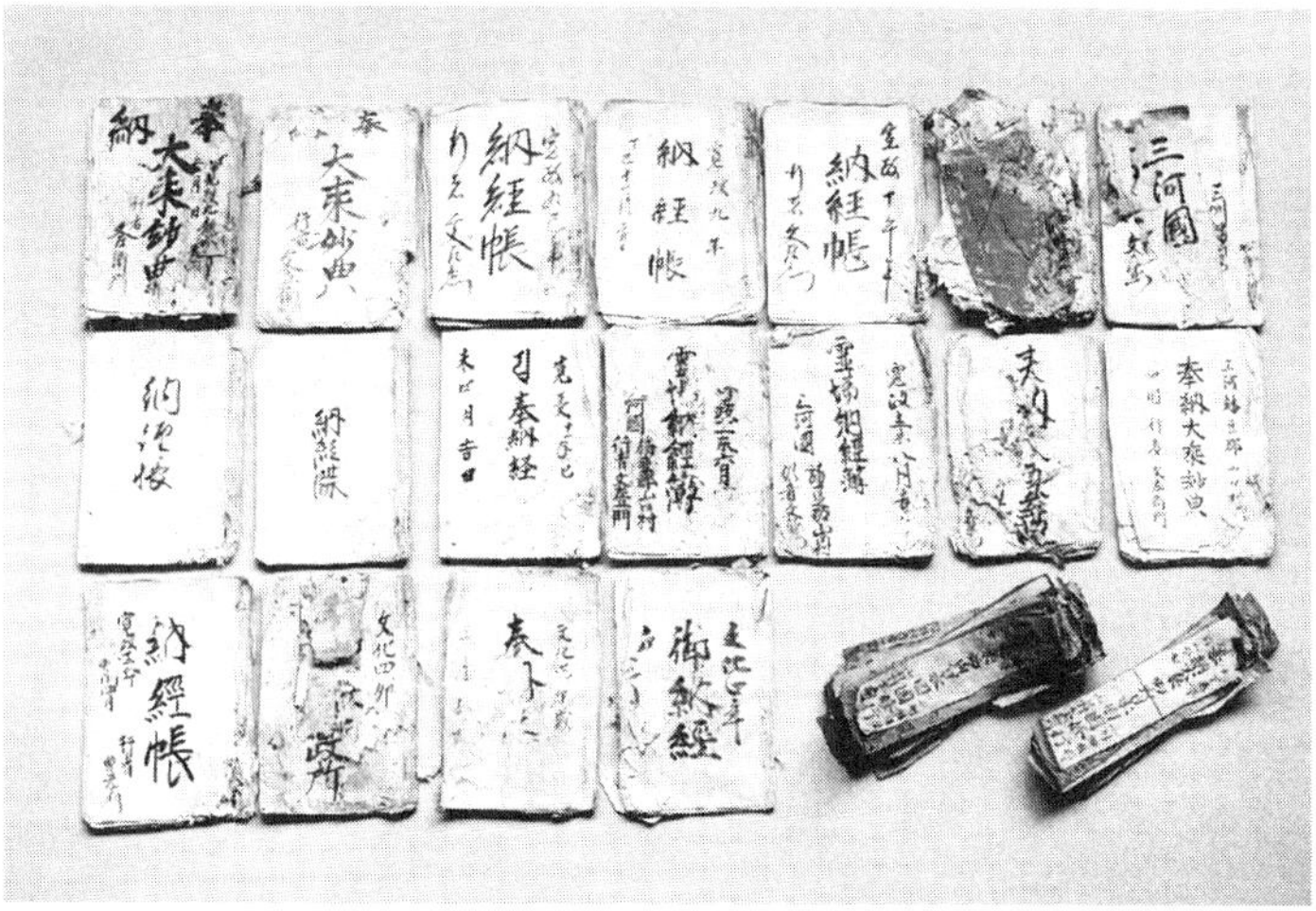

図2　江戸時代の六十六部の納経帳（愛知県・個人蔵）

するという名目のもとに行われる巡礼である。実態としては、とくに近世には、数年をかけて全国の数百か所の寺社をめぐる大規模な巡礼が行われていた。一方、千箇寺詣は日蓮宗系の法華の信者が行ったもので、全国の日蓮宗寺院を文字通り一〇〇〇か寺選んで巡拝する。規模は六十六部と同様に大きい。ところが、これらの巡礼では、どこに参るべきかという点が明確ではなかった。もちろん、多くの巡礼者が訪れる寺社はおのずと決まっていたが、ここに参っておかないと六十六部にならない、千箇寺にならない、という意味での札所はもたなかったのである。極論すれば、巡礼対象は巡礼者の自由な選択に任されていたといってもよい。その数も、千箇寺詣はいちおう一〇〇〇か所としても、六十六部の場合は巡礼者によって、名目通り六十六であったり、百数十であったり、また六〇〇～七〇〇か所あるいはそれ以上であったりと、さまざまであった。当然、番次などはもたない。三十三カ所モデルの巡礼では聖地群が明確に一つの統合体を形成しているのに対し、これらはそもそも聖地群の統合の度合いが低い巡礼、聖地群が固定されていない巡礼、ということができよう。こうした巡礼が近世まで行われていたし、一部では近代に入っても続いていたのである。

しかし、じつはこうした旅のありようは、「巡礼」という語の古い用法に近いものでもあった。さきに平安中期の『法華験記』に「巡礼」がみえることに言及したが、それは「日本国の中の一切の霊しき所」や「処々の霊験の勝地」をめぐるものであって、けっして一定の聖地群を決まったルートで巡拝するものではない。不特定の聖地をいわば宗教的欲求の赴くままに自由に遍歴することが、そこでは「巡礼」と表現されていたのである。

六十六部や千箇寺詣にせよ、『法華験記』の「巡礼」にせよ、これらの巡礼においては、〇〇巡礼霊場とか〇〇××カ所というような聖地群のセットが、対象としてあらかじめ用意されているわけではない。あえていうならば、巡礼地は個々の巡礼者や巡礼行動のうちに内在するものでしかなかったし、また「一切の」「処々の」などの表現から想像されるように、あるいは六十六部や千箇寺詣の実態から知られるように、めぐり拝する聖地はしばしば相当な数にのぼったのである。ある意味でそれは、一つ一つの聖地の個別の聖性や求心力よりも、それらをつなぐ旅―遍歴というモチーフの方により傾斜した行動様式であったということもできる。

四国遍路と「八十八カ所」

四国遍路はどうであろうか。

四国八十八カ所はさきのような意味で三十三カ所モデルの巡礼地であり、かつその巡礼は弘法大師信仰によって強く統合された聖跡巡礼である。一般の巡礼者にとって、八十八カ所は弘法大師の修行や奇瑞の足跡がのこる聖地であるだけでなく、それを選定し四国遍路という巡礼の世界を創始したのもほかならぬ弘法大師であると考えられている。弘法大師による意味づけは、巡礼中のさまざまな体験のレベルにまで及ぶ。現在の巡礼者が意識することは少ないかもしれないが、人の家の門に立って経文や御詠歌をあげ、喜捨を乞う托鉢（四国遍路の世界ではとくに「お修行」という）の義務や、巡礼中に一度は宿を取りはぐれて野宿することになるという言い伝えなども、「お大師さんがそうしたから」「お大師さんもそうだったから」と説明されてきた。八十八カ所をめぐることは弘法大師空海の神話的な巡錫遊行の足跡を追うことであり、巡礼者たちはその追体験を通して大師と同化してゆくという構造がそこにはある。

しかし、四国遍路が最初から（「四国の辺地」が史料にみえる平安末期から）一貫して、このように意味づけられた八十八カ所をめぐる巡礼であったと考えることは困難である。詳しい考察はあとの章に譲らなければならないが、現在の四国遍路の様式が完成したのは意外と新しいのである。

八十八カ所が史料にみえる例としては、目下のところ、寛永八年（一六三一）版の『せつきやうかるかや』に挿入された「高野の巻」という不思議な弘法大師伝に、「四国へんと八八十八か所とハ申すなり」とあるのが古い。それに次ぐのは承応《じょうおう》二年（一六五三）の澄禅《ちょうぜん》の『四国遍路日記』で、当時、「札所八十八ケ所」を書きあげた刷りものが作られ、一部に流布していたことがわかる。澄禅自身も基本的に現行と等しい八十八カ所の巡礼をしており、番次こそみえないものの、阿波の霊山寺を札始めとする認識ももっていた。しかしこれら以前となると、遍路関係の史料はそれなりにのこされているにもかかわらず、そこに八十八カ所の存在を認めることはできない。八十八カ所は、江戸時代初期にあたる一七世紀初頭か、それを遠くさかのぼらない時期に定められたとみるのが妥当であろう。

さらにいえば、八十八カ所の権威がほんとうに確立するのは、いま少し下るとも考えられる。たとえば、近世中期以降の四国遍路の民衆化におおきく貢献したとされる真念《しんねん》は、その『四国徧礼功《しこくへんろく》徳記《どくき》』（元禄三年〈一六九〇〉）のなかで、「遍礼所八十八ケ所とさだめぬる事、いづれの時、たれの人といふ事さだかならず」といい、また『四国辺路《しこくへんろ》道指南《みちしるべ》』（貞享四年〈一六八七〉）では、「大師御辺路の道法《みちのり》は四百八十八里といひつたふ。往古は横堂のこりなくおがみめぐり給ひ……（中略）……今は劣根僅《わずか》に八十八ケの札所計《ばかり》巡拝し、往還の大道に手を拱《こまぬく》御代なれは、三百有余里の道のりとなりぬ」とする。四国遍路を弘法大師の足跡を慕う巡礼とし、八十八カ所を逐一紹介しながらも、彼は八十八カ所を弘法大師が定めた権威あるものとはしていない。それどころかむしろ、八十八カ所は巡礼の簡便化・簡略化の結果としてあると主張しているようにすら読める。真念の依頼によって霊場記を著した寂本《じゃくほん》もまた、八十八カ所の順番はいつ誰が決めたかわからないとして、番次を無視し、善通寺から霊場記を書き起こしている（元禄二年〈一六八九〉刊『四国偏礼《しこくへんろ》霊場記《れいじょうき》』）。八十八カ所の存在を知りながら、その権威を認めていないといわざるをえない。四国遍路とは弘法大師が定めた八十八の札所をめぐること、という認識が完全に浸透するのは、一八世紀以降であろう。

そもそも「八十八カ所」は、観音巡礼の三十三カ所や、地蔵巡礼の六カ所、阿弥陀巡礼の四十八カ所のように仏教教理上に明確な根拠をもつ数字ではなく、巡礼者に対して説得力のある説明が行われてきたとはいいがたい。これは、巡拝対象を八十八に限定し特定することが、この巡礼にとってかならずしも本質的な意味をもってはいなかったことを意味しよう。「八十八カ所」という考え方は、おそらくは観音巡礼の三十三カ所や、六十六部、それに熊野詣の九十九王子などに導かれて、中世末期か近世初頭あたりに導入されたものと思われる。それ以前の四国では、島内に点在する大小さまざまな聖地をかなり自由に経めぐる旅が行われていたと考えるべきであろう。西国三十三カ所と異なり、四国には「番外」と呼ばれる札所が多数存在するのも、おそらく理由のないことではない。『四国辺路道指南』の「往古は横堂のこりなくおがみめぐり給ひ、嶮岨をしのぎ、谷ふかきくづ屋まで乞食《こつじき》せさせたまひし……」という記述は、真念自身の記憶にある「八十八カ所」以前の四国遍路のありようを、端的に表現したものではなかったか。

遍歴から巡礼へ

多数の聖地を経めぐる回遊型の巡礼に対して、われわれは、それぞれの聖地への旅が一連の行為としてなされることには客観的な必然性があるはずだと考え、聖地群を統合する原理を想定し、聖地の共通点を求めて、本尊巡礼／聖跡巡礼という分類をする。つまり、三十三カ所モデルの聖地構造を前提に、これを理解しようとする。しかし、六十六部や千箇寺詣という巡礼においては、聖地群はそもそも統合の度合いが非常に低かった。四国遍路ですら、巡拝先が八十八カ所と特定されたのは新しく、弘法大師の遺跡という意味づけも最初からあったわけではない。そして、こうしたありようが、「巡礼」という語の古い用法にむしろ近いものであった。

いや、かっちりと固定された巡礼の典型のように言及してきた三十三カ所巡礼すら、最初からこのスタイルを完成させていたわけではないようである。三十三カ所巡礼の成立について速水侑氏は、『法華験記』などにみえる「巡礼」を「聖《ひじり》の修験的霊場歴遊」と表現し、そうしたなかから多くの修行者に規範として尊重される特定のルートが現れ、固定したのだと説く。そうであれば、西国と四国の違いは、遍歴の対象となる聖地群のパッケージ化が早い段階で行われたか、時間がかかったかの違いということになる。六十六部などは、そのパッケージ化が完成しなかった巡礼ということになろう。

いま、巡拝対象となる聖地群がひとまとまりのセットとして固定されることをパッケージ化と呼んだが、この言葉はもう少し広く、儀礼や信仰も含めて旅のあらゆる局面が定式化され、一つのシステムとして提供されることをさして使ってもよいであろう。おそらく巡礼の成立とは、自由な宗教的遍歴が、この意味でパッケージ化される過程である。目的地を定め、ルートを用意し、所用日数も計算できるようにする。もちろん、聖地への旅がもたらす宗教的達成、いいかえればご利益も、事前に明示的に提示され、聖地や巡礼路における儀礼行動も一定の様式に統一される。やがてはそこに宿泊や移動の便宜を図るサービスも登場する。そうして、当事者にとっても社会にとっても危険をはらむ遍歴は、相対的に安全で統制しやすい巡礼へと変質してゆくのである。もちろん、巡礼という概念を広く設定して（つまり、古い用法に倣い、特定の聖地に拘束されない自由な遍歴も巡礼の一種と考えて）、これを非定形的巡礼から定形的巡礼への過程と表現してもよいのであるが。

西洋史家の木間瀬精三氏は、初期キリスト教は不定住の遍歴修道者を否定する一方で、遍歴そのものは容認せざるをえず、そこに一定の形式に従う遍歴、すなわち巡礼が生まれることになったと指摘する。おそらく右のような事情は、日本の回遊型巡礼にとどまらず、往復型巡礼を含めた諸文化の巡礼全般に、かなりの程度、通底するものであろう。四国遍路の歴史的研究は、パッケージ化の過程を実証的に跡づけることによって、巡礼の成立とは何か、さらには巡礼とは何かという問いに答えてゆくことになると考える。

古代の四国遍路

寺内　浩

辺路修行と海洋信仰

現代において、四国遍路といえば八十八カ所の札所寺院をめぐることを意味するが、こうした四国遍路が成立するのは近世初期になってからのことである。しかし、それ以前においても修行のために僧侶が四国の海岸部をめぐり歩くことは盛んに行われていた。むしろ、こうした四国の海岸部をめぐり歩く修行、すなわち辺路《へじ》修行の延長線上に八十八カ所の札所寺院が成立したというべきであろう。

僧侶たちによるこうした辺路修行がいつ頃から行われるようになったかは不明だが、少なくとも平安時代末期にはそうした修行形態は存在していた。

今は昔、仏の道を行ける僧、三人伴《とも》なひて、四国の辺地《へち》と云は伊予・讃岐・阿波・土佐の海辺の廻《めぐり》也。其《そ》の僧共《ども》、其《そこ》を廻《めぐり》けるに、思ひ不懸《かけ》ず山に踏入にけり。深き山に迷《まどひ》にければ、浜辺に出《いで》む事を願ひけり。

（『今昔物語集』三一―一四）

図１　室戸岬の空海修行伝承地（御蔵洞）

我等《われら》が修行せし様《やう》は、忍辱袈裟《にんにくけさ》をば肩《かた》に掛《か》け、又笈《またおい》を負ひ、衣《ころも》は何時《いつ》となく塩《しほ》垂《た》れて、四国の辺道《へち》をぞ常に踏む

（『梁塵秘抄』巻第二）

『今昔物語集』は一二世紀初に成立した仏教説話集、『梁塵秘抄《りょうじんひしょう》』は後白河上皇が一二世紀後半頃に編纂した歌謡集である。これらに「四国の辺地《へち》と云は伊予・讃岐・阿波・土佐の海辺の廻《めぐり》也」「衣《ころも》は何時《いつ》となく塩垂《しほた》れて、四国の辺道《へち》をぞ常に踏む」とみえるので、四国の海岸線を歩き、辺路修行を行う僧侶が平安時代末には数多くいたことがわかる。

　古代における僧侶の修行形態としては山林修行が有名である。古代の山林修行は日本古来の山岳信仰に基づいている。日本では古くから山を霊地とみなして崇拝していたが、仏教が日本に入ると宗教的世界である山が仏道修行の場として選ばれ、山林修行が成立する。

辺路修行も同様に日本古来の海洋信仰に基づいている。古代の日本では水平線のはるか彼方に常《とこ》世《よ》の国、死後の世界があると考えられ、山と並んで海もまた宗教的な場であった。さらに仏教の浄土思想が入ると、南方あるいは西方にあるとされた浄土世界は日本古来の海洋信仰と融合して海の彼方に存在すると考えられるようになった。こうして海のもつ宗教性はさらに高められ、海への入口にあたる海岸部での修行、すなわち辺路修行が盛んに行われるようになるのである。

僧侶の海岸部での修行は古くから行われていたと思われるが、もっとも著名なものがほかならぬ弘法大師空海の室戸岬での修行である。空海はその著書『三教指帰《さんごうしいき》』に「阿国大瀧嶽に躋《のぼ》り攀《よ》ぢ、土州室戸崎に勤念す、谷響を惜しまず、明星来影す」と記しており、阿波国の大瀧嶽《たいりようのたけ》で山林修行を行う一方で室戸岬で仏道修行に励んでいた。ただ、空海の時代すなわち平安時代初期に海岸部をめぐり歩く修行もすでに行われていたかどうかは不明だが、平安時代末期にはそれが盛んになされていたことはさきにみた通りである。

辺路修行の実態

辺路《へじ》修行は「海辺の廻《めぐり》」ともいわれるが、たんに海辺を歩くだけでなく、各地の霊験所や行場《ぎようば》での修行を伴うものであった。

『本朝法華験記《ほんちようほつけげんき》』や『今昔物語集』など平安時代の仏教説話集には、諸国を遍歴する修行僧が数多く取り上げられている。それらによると当時の修行僧はたんに諸国を回遊するだけでなく、諸々の霊験所に詣で、そこできびしい修行を行っていた。

　沙門海蓮は越中国の人なり。（中略）このことを歎き傷《いた》みて、立山・白山及び余の霊験に参り向ひて、このことを祈祷せり。難行苦行し、食を断ち塩を断ちて、この三品を誦《じゅ》すれども、総て憶持することを得ず。（『本朝法華験記』下―八九）

　今は昔、仏の道を修行する僧有《あり》けり。名をば義睿《ぎえい》と云ふ。諸《もろもろ》の山を廻《めぐ》り海を渡て、国〻に行き所〻の霊験に参て、行ひけり。（『今昔物語集』一三―一）

前者の海蓮《かいれん》は『法華経』の陀羅尼《だらに》・厳王《ごんおう》・普賢《ふげん》の三品だけがどうしても暗誦できないので立山や白山など各地の霊験所で祈祷や「難行苦行」をし、後者の義睿《ぎえい》は仏道修行のため諸国をめぐるとともに霊験所で修行を行っていたというのである。このように、各地の霊験所をめぐり歩き、そこで「難行苦行」するのが当時の廻国修行の実態であった。

四国における辺路修行も同様であった。四国の海岸部に多くあった霊験所の一つが湯嶋である。湯嶋は阿波国と土佐国の境にあり、霊験あらたかな観音菩薩像が安置されていた。市聖《いちのひじり》として有名な空也《くうや》の伝記『空也誄《くうやるい》』には、空也が諸国を遊行した際湯嶋に詣でたときのことがみえている。それによると空也は観音菩薩に逢おうと数か月にわたって「練業」をしたが逢うことはできなかった。そこで空也は食を断ち夜も眠らずに観音菩薩像に向かっていると、ようやく七日目に像が光を放ち観音菩薩がその姿を現したというのである。このように、四国の霊験所でもきびしい修行が行われていた。

『梁塵秘抄』には「四方《よも》の霊験所」として、「伊豆の走湯《はしりゆ》　信濃の戸隠《とがくし》　駿河の富士の山　伯耆の大山　丹後の成相《なりあい》」とともに、「土佐の室生戸」と「讃岐の志度の道場」があげられている。土佐国の室生戸《むろふと》（室戸）と讃岐国の志度《しど》は都でも著名な霊験所だったのである。このほか、足摺岬にある金剛福寺は平安時代の史料に「観音慈悲の垂跡《すいじゃく》に奉遇す」（『平安遺文』三一八四）とあり、その観音菩薩霊験譚は『とはずがたり』にみえている。また、讃岐国の善通寺・曼荼羅寺も「この御寺は霊験掲焉《けちえん》なり」（『平安遺文』二〇一五）と当時の史料に記されている。

このように四国の海岸部には多くの霊験所があった。四国の辺路修行者は霊験所で「難行苦行」を行いつつ各地の霊験所をめぐり歩いていたのである。もちろん、著名な霊験所以外にも多くの行場があり、そこでもきびしい修行が行われていたであろう。平安時代の四国の辺路修行はたんに海辺難路を歩くだけではなかったのである。

補陀落渡海

平安時代末期になると海岸部をめぐり歩く僧侶たちが多くみられるようになるのだが、彼らが修行の場としたのは四国だけではなかった。

あらいそにみちまどはしてわがともはあるかあらぬかまつかまたぬか
（『行尊大僧正集』）

我等《われら》が修行に出《い》でし時、珠洲《すず》の岬《みさき》をかい触《さは》り、うち廻《めぐ》り、振《ふ》り捨《す》てて、一人越知《ひとりこしぢ》の旅に出《い》で

図2　補陀落渡海者の墓（熊野・補陀落山寺）

て、足打《あしうち》せしこそあはれなりしか

（『梁塵秘抄』巻第二）

前者の歌は、平安時代後期の歌人行尊《ぎょうそん》が「あらいそ」で同行者を見失って捜し歩いたというもので、彼が紀州熊野の海岸で修行していたときに詠んだものである。後者は、能登半島の先端部、珠洲岬をめぐる辺路《へじ》修行の様子を歌ったものである。

これらから辺路修行自体は日本各地の海岸でなされていたことがわかるのだが、冒頭に掲げた二つの史料にみられるように、辺路修行は四国のそれが著名であり、四国でとりわけ盛んに行われていた。それはなぜなのであろうか。

一つ目の理由は、補陀落《ふだらく》信仰との関わりである。さきに述べたように、辺路修行の背景には日本古来の海洋信仰に加えて補陀落信仰などの浄土信仰があったのだが、この補陀落信仰において四国は特別の場所、すなわち補陀落渡海《とかい》の地だったのである。

補陀落渡海とは南方海上にあると信じられていた観音浄土＝補陀落浄土に向かって渡海することであり、一種の捨身往生《しゃしんおうじょう》であった。補陀落渡海で有名なのは紀州の熊野である。熊野からの補陀落渡海がいつから始まったかは不明だが、少なくとも平安時代末期には行われていた。

僧正語りて云はく、少き年に那智に籠りし時、独りの僧ありて云はく、われ現身《うつしみ》にして補陀落山に参るを祈る、小舟の上に千手観音を造り立て、梶《かじ》を持たしめ奉らん、祈り請ふことすでに三年に及ぶ、北風七日止まざるを祈るなり。かくのごとくして数日を経、大きなる北風を得、僧慶びて舟に乗り、南に向かひて礼拝す。止む時なく、南を差して遙かに行く。僧都おもへらく希有のことなり。山に登りてこれを見る。覚宗同じく見る。七か日の間風止まず。料《はか》るに願の成就するを知る。

（『台記』康治元年〈一一四二〉八月一八日条）

これは、ある僧が千手観音像を乗せた小舟で熊野の那智から補陀落渡海するのを見たという権僧正覚宗の話を、内大臣藤原頼長が書きとめたものである。

補陀落渡海は四国の室戸、足摺からも行われていた。

一条院の御時、阿波国の賀登上人、深くかの山を欣《よろこ》びて、頻《しき》りに夢想あり。長保二年八月十八日、土佐国室戸津より、弟子一人を相ひ具して、遂に以て進発す。一葉の船、飛ぶが如く南に向かふ。

（『観音講式』）

『観音講式《かんのんこうしき》』は貞慶《じょうけい》（一一五五〜一二一三）の著で、一条天皇の長保二年（一〇〇〇）に賀登《がとう》上人が室戸から補陀落渡海をしたとしている。鴨長明著の『発心集《ほっしんしゅう》』にも讃岐三位の乳母の夫が土佐国の室戸から補陀落渡海を行った話がみえている。

足摺については、次の長門本『平家物語』にみえる補陀落渡海が有名である。

さては昔、理一と申す僧ありき。有漏《うろ》の身をもて、補陀落山を拝まんと誓ひて、一千日の行法《ぎょうほう》を始めて、御弟子のりけんと申す一人ばかり召し具して、御船に召して、押し浮かび給ふに、向かひ風烈しく吹きて、元の渚に吹き返す。理一なほ行法の功終はらざりけりとて、また百日の行法をし給ひて、百日過ぎければ、聖人もとより人を具してはかなふまじとて、御船にたゞ一人召す。彼舟はうつほ船なり。白き布の帆をかけて、順風に任す。げにもおいて事をへだて、遙かに遠ざかる。御弟子のりけんは、聖人に捨てられ奉りて、補陀落山を拝むべからざる事を悲しむ。輪廻《りんね》して生死を出まじきやらんと、はや御船の隠るゝほどなれば、名残惜しくしたひ奉り、余りの耐へがたさに倒れふし、足摺をしておめき悲しむ。足摺地をうがち、身を隠すばかりになりぬ。

これは、補陀落渡海を行った理一に取り残された弟子僧のりけんが、地をうがつほど足摺りをして悲しんだというもので、足摺の地名由来譚である。ここから、足摺からも補陀落渡海が行われていたことが知られる。

このように四国は熊野と並ぶ補陀落渡海の地であった。四国の海岸は補陀落渡海の出発地、すなわち補陀落浄土への入口だったのである。そうすると当時の人々は皆浄土往生を願っていたわけであるから、実際に渡海するかしないかは別として、辺路修行者が補陀落渡海の出発地、補陀落浄土への入口である四国の海岸に数多く集まるのはごく自然なことといえよう。

西方極楽浄土

辺路《へじ》修行が四国で盛んであった二つ目の理由は、阿弥陀信仰との関わりである。

補陀落信仰と並んで当時盛んだったのは西方極楽浄土への往生を願う阿弥陀信仰である。平安時代後期に、都の周辺で極楽浄土への往生を願う人々の信仰を集めたのは、四天王寺である。四天王寺の西門は「当極楽土東門中心」とされ、「諸人《もろもろのひとか》彼の西門にして弥陀の念仏を唱ふ。于今不絶《いまにたえず》して、不参《まゐら》ぬ人無し」（『今昔物語集』一一—一一）といわれていた。また、『梁塵秘抄』には次のような歌が載せられている。

極楽浄土の東門は、難波の海にぞ対《むか》へたる、転法輪所《てんぼふりんしよ》の西門に、念仏する人参れとて　（巻第二）

難波の海に入水《じゆすい》往生した者も多く、保延《ほうえん》六年（一一四〇）に入水した西念《さいねん》は有名である。また、鴨長明の『発心集』には「或る女房天王寺に参り海に入る事」という説話が載せられている。

このように四天王寺は西方極楽浄土への往生を願う参詣者で賑わい、西にある難波の海に入水する者も相次いだのだが、四国とその周辺の海についても同様のことがいえる。

当時の仏教説話集や往生伝（極楽往生をとげた人々の伝記）には極楽浄土への往生をとげた人々の話が多数収められているが、それらを読んで気づくことは、極楽往生の地を求めてわざわざ四国に行く人々がしばしばみられることである。

長増《ちようぞう》が云く、我れ山にて厠《かはや》に居たりし間に、心静に思《おぼ》えしかば、世の無常を観じて、此《か》く世を棄て偏《ひとへ》に後世《ごせ》を祈らむと思ひ廻《めぐら》しに、只《ただ》「仏法の少からむ所に行て、身を棄て次第乞食《こつじき》をして命許《ばかり》をば助けて、偏に念仏を唱へてこそ極楽には往生せめ」と思ひ取てしかば、即ち厠より房にも不寄《よら》ずして、平足駄《ひらあしだ》を履《は》き乍《なが》ら走り下て、日の内に山崎に行て、伊予の国に下だる便船《びんせん》を尋て此《この》国に下て後、伊予・讃岐の両国に乞匃《かたゐ》をして年来《としごろ》過しつる也。

（『今昔物語集』一五―一五）

備中国新山別所の定秀《じようしゆう》上人は、近江国蒲生《がもう》郡の人なり。幼き年に出家し、楞厳院《りようごんいん》に住む。（中略）生年廿一にして、ひとへに西土を願ひて、ついにもて山を離れ、土佐国に至りて、鹿苑寺に住めり。

（『拾遺往生伝』下―一二）

前者は延暦寺の僧長増《ちようぞう》が突然出奔し、のち弟子の清尋《しようしん》が伊予国で偶然彼を見出すという話である。史料として掲げたのは長増が清尋に出奔の理由を語った部分である。これによるとひたすら念仏を唱えて極楽往生を願った長増は伊予国に向かい、讃岐・伊予国で門付け乞食をして暮らしていたのである。後者は「ひとへに西土を願ひて、ついにもて山を離れ」た定秀《しようしゆう》が土佐国鹿苑寺《ろくおんじ》に住したというものである。

このように平安時代後期の四国は極楽往生をとげようとする人々が向かう場所だったのである。もちろん、ほかの場所で極楽往生をとげたという話もないわけではないが、とりわけ多いのが四国である（四国よりさらに西に九州があるが、九州まで行ったという話は少ない。これはやはり九州は都から遠すぎたのであろう）。

四国での極楽往生というと想起されるのが『今昔物語集』（一九―一四）の「讃岐国多度郡五位《たどのこほりのごゐ》、聞法即出語《ほふをききてすなはちいづること》」である。これは讃岐国多度郡にいた極悪非道の源大夫が、偶然立ち寄った法会で講師から阿弥陀仏の本願を聞かされて突然発心出家し、首から金鼓を懸けて阿弥陀仏の名を呼びながら西に向かって驀進《ばくしん》し、西海の見える山上で往生をとげたという話である。源大夫は四国の西岸部まで歩き続けたものと思われるが、「我れ尚此《なほこれ》より西にも行て、海にも入なむと思ひしかども、此《ここ》にて阿弥陀仏の答へ給へば、其れを呼び奉《たてまつ》り居たる也」とあるように、当初は入水までするつもりだったようである。これは四国の海岸で西方極楽往生を願っての入水が行われていたことを示している。四国は西方極楽浄土への往生を願う人々の集まる所であったが、さらにそこでは入水もなされていたのである。

以上のように、補陀落浄土にせよ阿弥陀浄土にせよ、浄土への往生を願う人々にとって四国は特別の意味をもっていた。四国は浄土への入口、往生の場と認識されていたのである。都周辺では熊野や四天王寺がそうした場所だったのだが、四国は熊野や四天王寺がもつ意味をあわせもっていたといえよう。これはやはり四国が都から見て南西の方角にあり、かつ四方が海に囲まれているという地理的条件が大きく関わっていたのではないだろうか。辺路修行自体は全国各地の海岸で行われていたが、四国の海岸は浄土へのあこがれをもつ人々にとってはとくに魅力ある場所であった。四国にとりわけ辺路修行者が多かったのはこうした理由によるのである。

辺路修行者と霊験寺院

平安時代になると多くの辺路《へじ》修行者が四国にやってきたのだが、地域の霊験寺院や民衆は彼らをどのように受け入れていたのであろうか。

まず霊験寺院であるが、平安時代になると霊験寺院は自らの霊験性を盛んに主張するようになる。これは平安時代になって国家仏教体制が崩壊したためである。奈良時代の仏教は国家仏教であり、仏教の力で国家を護ることを主たる目的としていた。したがって、国家は僧侶が寺院外で活動することを制限するなどきびしい統制を行い、そのかわりに経済的援助をはじめとしてさまざまな保護を加えていた。しかし、平安時代になるとこうした体制が崩壊し、寺院は布教活動を自由に行うことができるようになり、仏教が民衆のあいだに広く浸透した。ところが、寺院は国家の保護がなくなったため経済的に自立せざるをえなくなり、貴族・豪族や一般民衆からの経済的支援が寺院にとって不可欠のものとなるのである。

こうしたなかで霊験寺院は自ら霊験所であることを盛んに強調するようになる。たとえば、土佐国室戸の金剛頂寺《こんごうちょうじ》は「件の寺は弘法大師祈下明星初行の地なり、(中略)国宰より庶民に至るまで当寺仏法の霊験を仰がんがため、各山川田畠等を施入するところなり」(『平安遺文』一〇四七)、讃岐国の善通寺・曼荼羅寺は「霊験掲焉の勝地なり、これにより代々の国司ことに帰依を致す」(『同』一二九〇)としている。これは国や郡あるいは貴族・豪族の経済的保護を得るため、自寺院が霊験あらたかな所であることを主張する必要があったためである。国家的な保護がなくなった寺院にとって貴族・豪族、さらには民衆の帰依はなくてはならないものであり、そのため自寺院がすぐれた霊験所であることを強くアピールしたのである

こうした寺院にとって修行者が多く集まることは好ましいことであった。なぜなら、辺路修行者は霊験地で修行を行っていたわけであるから、修行者が多く集まることは、そこが霊験地であることを証明するものとなり、貴族や豪族・民衆に対して霊験性の高さを示すことができるからである。したがって、霊験所の寺院にとって、修行者は保護すべき存在だったといえよう。

辺路修行者と民衆

平安時代の仏教信仰は「現世安穏《げんぜあんのん》」と「後生善処《ごしょうぜんしょ》」、すなわち現世と来世の両方での幸せを願う二世安楽的信仰が基本であった。平安時代の仏教といえば浄土信仰が強調されるが、実際には仏教に対して人々は浄土への往生とともに現世利益《げんぜりやく》もおおいに期待していたのである。

このように当時の人々は仏教に現世利益と浄土往生を願っていたのだが、地域に住む僧侶とともにこうした人々の要求に応えていたのが旅の修行僧である。『今昔物語集』には、明石津《あかしのつ》で遍歴の

法師が疫病退散のための供養を行う（一四―四四）、信濃国で盲目の流浪僧が村に招かれて『法華経』を読み病人を治す（一三―一八）、筑前国極楽寺で能登国からきた僧が念仏講を行う（一五―二四）などの話がみえる。このように各地を遍歴する修行僧も民衆の求めに応えていたのであり、四国の辺路修行者も同様であったと考えられる。もちろん修行者はその見返りとして一定の報酬を得ていた。修行とはいえ日々の食料など最低限度の経費が修行者には必要であり、それらの一部を修行者はこうした活動により確保していた。辺路修行者の修行生活は現世利益や浄土往生を願うこうした地域民衆の支持・支援に支えられていたのである。

　しかし、修行者のすべてが歓迎されていたわけではない。『今昔物語集』（二六―二一）に、「一人の修行の僧来て、貴く経を読て食物を乞ふ。僧の形ち糸清気《いときよげ》也ければ、無下《むげ》の乞食《こつじき》には非《あら》ぬなめりと思て、女主《おむなあるじ》、経を貴むで、上に呼上《よびあげ》て物を供養するに、僧の云く、「己は乞食には不侍《はべらず》。仏の道を修行して、所〻に流浪するが、糧《かて》の絶《たえ》たれば、来て此《か》く申す也」とある。つまり、女主人は修行僧が乞食僧《こつじきそう》でないことを確認して家に入れたわけであり、ここから乞食僧は人々によって排除されていたことがわかる。四国でも同様であった。さきに掲げた『今昔物語集』（一五―一五）の「比叡山僧長増、往生語」では、弟子の清尋が伊予守藤原知章に従って伊予国に下向したとき、乞食僧として四国をめぐっていた長増に再会するのだが、長増が清尋に会おうとしたところ、最初は乞食僧であるがゆえに追い返されたものの、長増が高僧であることがわかると人々が深く帰依したとある。当時の人々はすぐれた修行僧は歓迎したが、乞食僧は排除していたのである。

「四国遍路」溯源——古語と地名解釈

西　耕生

はじめに——本稿のあらまし

今日では、四国地域における霊場の巡拝行為やそれを行う人という意を表す「四国遍路」という語。その中核をなす「遍路」の語史をさかのぼると、たんに四国のみに限定される行為ではなく、この列島の各地に存するある地勢を表す言葉であったことがわかる。「四国遍路」の前身が「四国のへち」だと考えられるのは、日本を「粟散辺地《そくさんへんじ》」と捉える観念、すなわち「仏の教えが行き渡らぬほど仏国土から遠く離れた、粟粒《あわつぶ》を散らしたような小さな国」とする観念が大きく関わるとともに、「遍路」という表記が通例となる以前の「辺路」「辺地」「辺」などという表記のさまざまを通して、「へち」という一つの古語が想定されるからである。以下に、その道すじと周辺について、国語国文学研究の立場から私見を述べる。

四国遍路初見例の再検討

四国八十八カ所の霊場を巡拝する意を表す「四国遍路」という語の初見として知られるのは、新城常三博士の指摘せられた、『醍醐寺文書《だいごじもんじょ》』に収める弘安《こうあん》年間（一二七八～一二八八）の目安案《めやすあん》（訴状の控）の用例である。

　一　院主坊ニ住セザル事ハ、修験之習。両山斗藪、滝山千日、巌屈ニ坐シタル冬籠リ、四国辺路、三十三所、諸国巡礼ヲ以テ其芸ヲ遂グ。……離寺不住ノ儀有ルベカラザル処、剰サヘ山籠リニモアラズ修行ニモアラズ、在々所々ヲ経廻ルノ条、一々承伏ノ上ハ、重難ニ及バザル者也。

（『醍醐寺文書』所収「仏名院所司目安案」）

「修験として、両山抖擻等のほか、四国邊路・三十三所諸国巡礼をしたという。この四国邊路は、単に四国の場所等を示すこれまでの用法と異なり、四国を邊路するという行動を示すもので、この後の四国邊路と全く同じ用例でその初見である。へんろは江戸時代以降遍路と書くのが多く、今日まで続いているが、室町時代にはむしろ邊＝辺路と書く例が多い」（傍点新城博士）と述べる新城博士の見解は、現在、広く認められているであろう。

ところで、この目安案とほぼ同時期にあたる次の一例も周知のものである。

先達　小野余流　両山四国辺路斗擻　余伽三密行人　金剛仏子阿闍梨　長喜八度

唵　正応四年辛卯九月七日

滝山千日籠　本宮長床執行　竹重寺別当　生年八十一　法印大僧都顕秀　初度（『八菅山碑伝』）

宮家準・糸賀茂男両氏の解説によれば、その「文面から正応四年（一二九一）に小野余流の阿闍梨長喜と熊野本宮長床《ながとこ》執行の竹重寺別当顕秀の両名が八《は》菅《すげ》山に峰入したことがわか」り、相模国八菅山に関して「時代が明記された最古の資料」であるという。とりわけ長喜という阿闍梨が「両山四国辺路斗擻」をとげたと記すところには注目される。衣食住の欲望を払うために身心を鍛錬する修行「斗《と》擻《そう》」を行う地として、「両山」すなわち大峰山・葛城山と「四国辺路」とが並び数えられているからである。

ここで、さきの『醍醐寺文書』の目安案を合わせ考えてみると、目安案で「修験之習」としてさまざまの「芸」にふれているのは、修練する場所と修練のありようの具体とを組み合わせ、おおよそ四字ごとの句に仕立てながら列挙したものと認められるのではないか。

両山斗藪、滝山千日、坐巌屈冬籠
四国辺路、三十三所、諸国巡礼

とくに後半は「四国辺路、三十三所諸国巡礼」と二つの語に分けるのではなく、三つの語に分けて、前半に示された三つの修行と対句を形づくり、「在々所々ヲ経迴ル」修行を取り上げるのに際して、場所を特定せぬ「諸国巡礼」より先に、「四国辺路」と「三十三所」という特定の場を掲げた文脈だ、と理解するのである。『八菅山碑伝』にみえる「四国辺路」の用例を考え合わせるなら、一三世紀末頃に「四国辺路」が大峰・葛城「両山」とともに修験の霊地として並称されたことを示す明証の一つとして捉えることができる。大僧都顕秀の「滝山千日籠」を記す『八菅山碑伝』と、やはり「修験之習」の一つに「滝山千日」をあげる『醍醐寺文書』所収目安案との対応も、このような解釈の妥当性を支えるだろう。

「両峯芋薮」と「海岸大辺路」

嘉慶弐年初月十六日〔般若菩薩／十六善神〕
三宝院末流、滝山千日、大峰葛木両峯芋薮、観音卅三所、海岸大辺路、所々巡礼、
水木石八墺、伝法長日供養法、護摩八千枚、修行者為法界四恩、令加善云々、
後日将続之人々、アビラウンケン〔一反〕、金剛資某云々、熊野山長床末衆〔アバンウン〕、

（嘉慶二年〈一三八八〉宴氏房宴隆筆、徳島県神山町勧善寺蔵『大般若経』巻第二〇八奥書。なお、〔 〕は割注、／は改行を示し、片仮名は原梵字）

南北朝時代末期にまで下るこの『大般若経』の奥書も重要である。ここでは「滝山千日」を筆頭に、「大峰葛木両峯芋薮」「観音三十三所」「海岸大辺路」、そして「所々巡礼」が修行として掲げられている。これは、『醍醐寺文書』や『八菅山碑伝』の文脈を彷彿《ほうふつ》させるであろう。ただし、この奥書に「四国辺路」でなく「海岸大辺路」と記されているところは、熊野参詣道の一つ「大辺路」を示すものと思われるかもしれないが、おそらく特定の地名をいうのではあるまい。まして巡礼行為を示した語ではなく、ここでは、海岸に位置する修行場の地勢を表した語であると考えるべきだろう。「海岸大辺路」というその語構成のほか、目安案の「四国辺路」とは違って「（観音）三十三

所」よりもあとに掲げられているからでもある。もちろん「所々巡礼」とは、「諸国巡礼」にあたる用語にほかならない。

「堧」という文字

なお、続く「水木石八堧」という句は解しづらいのだけれど、いま試みに「堧」と読んだこの文字はすこぶる興味深い。一二世紀から一三世紀にかけての頃に成立したかとされる漢字の和訓を集成した漢和辞典の一種、観智院本《かんちいん》『類聚名義抄《るいじゅみょうぎしょう》』には、この「堧」を第一項として、「壖」をその正字体、「壖」をその俗字体としてまとめ掲げるが、その「壖」の説明に注目されるのである。

　壖　谷、河邊地也、宮外垣也、ホトリ、アラカキ　（観智院本『類聚名義抄』法中）

　壖　弘云而豙反、河邊地也、宮外垣也、　（図書寮本『類聚名義抄』）

一一〇〇年前後に成立したかとされる『名義抄』の原撰本（図書寮本）にも「河辺地也」（河辺ノ地ナリ）と釈せられる字義は、「辺路」の意義に相渉るように思われるからである。

　是は三重の滝に七日うたれ、那智に千日籠て、三十三所の巡礼の為に、罷出たる山伏共、路踏迷て此里に出て候。　（『太平記』巻第五「大塔宮熊野落事」）

さらに、「山伏」の修行をしるす『太平記』のこのような記事からも、『醍醐寺文書』にみえる「三十三所」と「諸国巡礼」とは別々の二語として解釈する方が穏やかであろう。田中智彦氏の調査によれば、中世の文献史料や納札に「三十三所諸国巡礼」のごとく熟した語例は見受けられない。なにより、「巡礼」の目的地として「三十三所」と「諸国」とが結びつくこと自体、おおよそ矛盾しているであろう。したがって、『醍醐寺文書』にみえる「四国辺路」は、むしろ場所を示した用語と理解すべきなのである。これを「四国遍路」という語の初見例とする従来の理解は、ここに修正しなければならない。

「四国の辺地」と「四国辺路」と

ちなみに金刀比羅宮《ことひらぐう》本『保元物語《ほうげんものがたり》』には、「四国辺路」と「四国の辺地」とが混同される渦中にあったかと解釈しうる叙述様態が見出される。

仁安三年の秋の比、西行法師諸国修行しけるが、四国の辺地《しこくへんち》を巡見の時、讃岐国に渡、白峯の御墓に尋参て拝奉れば、……扨も彼蓮誉は八重の塩路をかき分て、宸襟を存生の日に訪たてまつり、此西行は四国辺路《しこくへんろ》を巡見せし、霊魂を崩御の後に尋奉る。此君御在位の間、恩に浴し徳を蒙る類いくそばくぞや。され共今はなげの情をかけ奉る者は、誰か一人も有し。只此蓮誉・西行のみ参べしとは、昔露もいかでか思召しよるべき。

（金刀比羅宮本『保元物語』巻下「新院御経沈めの事付けたり崩御の事」）

讃岐に流された新院（崇徳院《しゅとくいん》）を慕い訪れた蓮誉《れんよ》と西行《さいぎょう》の二人を、院の生前と薨後《こうご》とに対照して描くこの場面において、西行が「四国の辺地を巡見の時」および「四国辺路を巡見せし」と述べる両句の表現はあきらかに照応している。ここから、「四国の辺地」という呼び方と「四国辺路」という呼び方とが混用されていたことがうかがわれるのである。

「大峯葛木を通り、辺地を踏む」

次郎　真言師

次郎は、一生不犯の大験者、三業相応の真言師なり。久修練行年深く、持戒精進日積もれり。……凡そ真言の道底を究め、苦行の功傍らに抜けたり。十安居を遂げ、一洛叉を満つること度々なり。大峯葛木を通り、辺地を踏むこと年々なり。熊野・金峯・越中の立山・伊豆の走湯・根本中堂・伯耆の大山・富士の御峯・加賀の白山・高野・粉河・箕尾・葛河等の間に、行を競ひ験を挑む無し。山臥修行者、昔、役行者・静蔵貴所といへども、只一陀羅尼の験者なり。今、衛門尉の次郎禅師に於いては、すでに智行具足の生仏なり。

（康永本『新猿楽記』次郎条）

真言密教の加持祈禱《かじきとう》する験者《げんじゃ》としてすぐれた衛門尉《えもんのじょう》次郎禅師のありようを述べる『新猿楽記《しんさるがくき》』の一節である。波線を施した箇所は、直前の傍線箇所と対句をなして、修験の苦行するありさまを述べる文脈を形づくる。夏の九〇日間外出を禁じてひたすら坐禅修学に励むという「安居《あんご》」を一〇回重ね、陀羅尼《だらに》の念誦《ねんじゅ》が一〇万遍に満ちるという「一洛叉《いちらくしゃ》」もたびたびであり、大峰山や葛城山を踏破して「辺地」を踏むのも毎年のことだという。川口久雄博士によれば、康永《こうえい》本に「辺地」と作る箇所には次のような本文異同《ほんもんいどう》（写本の文字表記などが違っていること）が見受けられるという。

▽邊地―弘安本「礒邊路」。古抄本・陽明本「邊道」。

とくに、いわゆる古本《こほん》系に分類される弘安三年（一二八〇）古鈔本《こしょう》に、「礒辺路」という本文が存することは興味深い。中世の歌集にみられる「磯のへち」（『為忠家後度百首《ためただけごどひゃくしゅ》』、『新撰和歌六帖《しんせんわかろくじょう》』第三、『新古今和歌集』巻第一〇）という用例の存在をも視野に収めれば、このような異文は、「大峯葛木」という山岳の行場《ぎょうば》に対して、「辺地」すなわち「へち」と呼ばれる海辺の行場を対照しようとする意図が「礒」という文字によって明示されているものと理解されるからである。

加えて、『新猿楽記』に「大峯葛木を通り、辺地を踏む」と述べるところにも留意したい。この「通」という文字は、破線を施した広く修験の霊地を列挙する後文にさきだって、苦行の具体の典型を示すべく、「大峯葛木」から「辺地」へと至る実際の経路を念頭において用いられたものかと推察されるからである。「大峯葛木を通り、辺地を踏む」と述べる表現や「礒辺路」と作る異文の存在をも顧みれば、『新猿楽記』の「（礒）辺地」が、「返ちと申しし方」（冷泉家時雨亭文庫本《れいぜいけしぐれていぶんこ》『行尊《ぎょうそん》大僧正集《だいそうじょうしゅう》』）と記されることもある「伊勢のいそのへち」（『山家集《さんかしゅう》』巻下）をさしていると、ひとまずは理解してよいのであろう。

「塩屋に在る辺路」

ところで、鎌倉時代初期の成立かと目される『諸山縁起《しょざんえんぎ》』に「役行者《えんのぎょうじゃ》熊野山参詣日記」と題して始まる記事があり、そこには次のような一節がみえる。

……行く前の塩屋在辺路に宿するに、夜宿する人、大魚来たりて之れを食せんとす。行者、印を以て身を荘る。……行者、心経を荒護して、咒を放つ間、大魚風に随ひて遠く亡げ畢んぬ。故に祓を勤仕して立ち了んぬ。切目中山谷の口に面を荘りて、また女値ふ。見るに凶形也。怖畏の心起こるべし。……

（九条家本『諸山縁起』「役行者熊野山参詣日記」）

波線を施した箇所を日本思想大系『寺社縁起』に「行く前の塩屋在辺《あたり》の路に宿るに」と訓《よ》むのは、「行前塩屋在《ノ》辺路《ニ》宿《スルニ》　也」という底本の傍訓を尊重した結果なのであろう。しかし、後文にみえる九十九《くじゅうく》王子《おうじ》のある所の名「切目中山谷」の箇所に「切目中《キリメノ》　山《チノ》谷《ノ》口《ニクチニ》」のようなあやまった訓が付せられていることを慮れば、底本の施訓も無批判に用いることはできまい。波線箇所は「行く前の塩屋に在る辺路に宿するに」などと訓むべきところではないか。

「塩屋」とは、後に「切目中山谷」という地名がみえるところから、熊野への参詣路の途中にある九十九王子社の一つ、切目中山王子へ赴く手前に位置して和歌山県御坊市北塩屋に現存する、塩屋王子のことであろう。

白川院熊野へまうでさせ給ひける御ともに侍りて、しほやの明神のおまへにて人々歌よみけるによみ侍りける　徳大寺左大臣

立ちのぼるしほやの煙うらかぜになびくを神の心ともがな

後三条内大臣

思ふこと汲みて叶ふる神なればしほやに跡を垂るるなりけり

（『続詞花和歌集』巻第八・神祇）

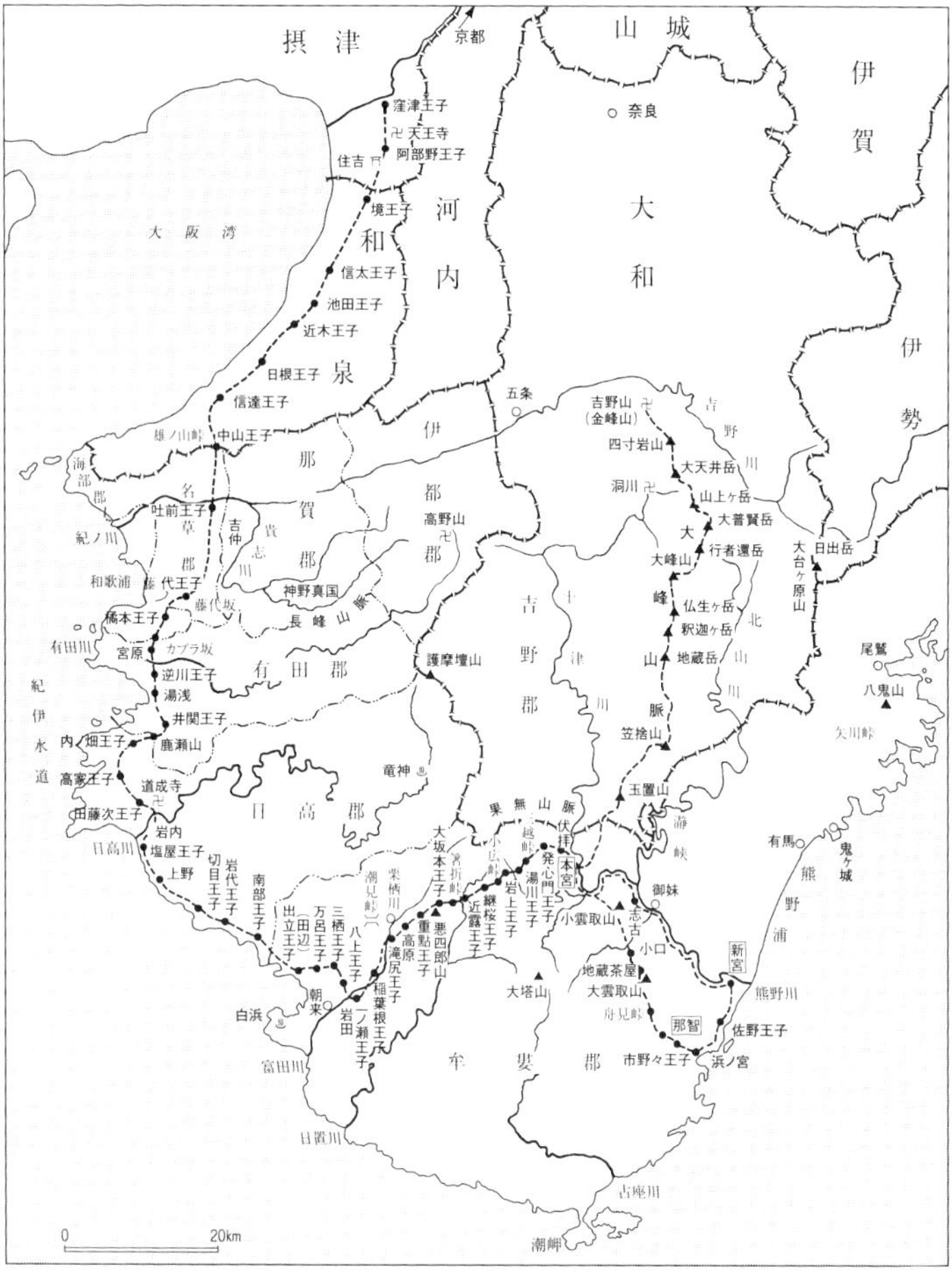

図1 熊野詣の行程と王子社（戸田芳実『歴史と古道』人文書院刊 1992年）

これは、白河法皇の熊野詣に随行した折「塩屋の王子」（『千載和歌集《せんざいわかしゅう》』一一五八番詞書、『新古今和歌集』一九〇九番詞書）で左大臣藤原実能《さねよし》と内大臣藤原公教《きんのり》によって「同時」（『歌枕名寄《うたまくらなよせ》』八六六八番左注）に詠ぜられたかと目される二首である。「塩屋」という名にちなみ、「煙」「汲む」「垂る」など「塩」の縁語が用いられている。ここに『諸山縁起』に記される役行者の「塩屋在辺路宿」とは、「塩屋」にある「辺路」に設けられた「宿」だと解釈できるのではないか。

熊野に詣で侍しついでに、切目宿にて、海辺眺望と

いへる心を、をのこどもつかうまつりしに　具親

ながめよと思はでしもや帰るらん月まつ浪の海人の釣舟（『新古今和歌集』巻第一六・雑歌上）

塩屋王子の先「切目宿にて、海辺眺望」という歌題を詠んだ作などをもここに思い合わせれば、大辺路・中辺路に入る以前の「紀路」においても、紀伊水道から太平洋を望む「辺路」と称せられる場所が存在したことは、容易に推察されるにちがいない。

『新猿楽記』にみえる「辺地」はしたがって、大峰葛城山系を通って踏むことのできる水流あるいは海岸に臨んだ懸崖《けんがい》として、「伊勢の磯のへち」だけでなく「塩屋在辺路」など、「抖擻（斗藪・斗擻・芋藪）」を行う地を包括して述べようとした用語である、という考えに思い至るのである。

四国のへち

修行の地として大峰山・葛城山と並称される「四国辺路」を「しこくのへち」と呼ぶことは、定

説と認められる。周知のごとく、建仁《けんにん》三年（一二〇三）に「重源のすぐ近くで書かれた」と考えられる俊乗坊《しゅんじょうぼう》 重源《ちょうげん》の事績を録した『南无阿弥陀仏作善集《なむあみだぶつさぜんしゅう》』に見出されるのが、その確例の一つである。

生年十七歳之時、四国ノ辺《ヘチ》ヲ修行ス。生年十九ニシテ、初メテ大峰ヲ修行ス。已上五ケ度、三度ハ深山ニシテ……、二度ハ持経者十人ヲ以テ、峰内ニシテ、千部ノ経ヲ転読セ令ム、……葛木二度。

（『南无阿弥陀仏作善集』奈良國立文化財研究所研究史料第一冊）

一三歳のとき京都山科の醍醐寺で出家して真言密教の修学と修行に励んでいた重源が、「大峰」「葛木」よりも先に「四国ノ辺《ヘチ》ヲ修行ス」ることを志したのは、中世において「斗藪之根本」として崇敬されるようになっていく醍醐寺開山の聖宝《しょうぼう》を踏襲しながら、ひいては弘法大師空海の修行に倣《なら》おうとしてのことであったにちがいない。これは修験の霊地としての「四国のへち」が、鎌倉時代初期にさかのぼって「大峰」「葛木」といった霊山とともに重視されていたことを物語る。掲げる順序は逆だけれど、「両山四国辺路斗擻」と記す『八菅山碑伝』はもちろん、『醍醐寺文書』目安案においてまず「両山斗藪」があげられたあと修行の地として「四国辺路」以下を列挙していたことが、思い合わせられるのである。

われらが修行せしやうは、忍辱袈裟をば肩に掛け、また笈を負ひ、衣はいつとなく塩たれて、しこくのへちをぞ常に踏む

（『梁塵秘抄』巻第二）

今は昔、仏の道を行ける僧、三人伴なひて、四国の辺地と云は伊予・讃岐・阿波・土佐の海辺の廻也、其の僧共、其を廻けるに、思ひ不懸ず山に踏入にけり。深き山に迷にければ、浜辺に

出む事を願ひけり。

（『今昔物語集』巻第三一―一四）

かつて小西甚一博士が注意せられたように、これらから「四国のへち」が「四国の海岸」をさす語であること、明らかである。ただし、大峰葛城「両山」とともに用いられるところから「四国のへち」を固有の地名とまで考えることには、慎重でなければならない。なぜなら「へち」という古語は、四国ばかりに限定して用いられる語ではないからである。

「磯のへち」と「波かくるへち」と

中世和歌には「へち」を「山臥《やまぶし》」とともに詠みこんだ作例が、以下のように散見する。

①散る花や磯のへち踏む山臥の苔の衣のうはぎなるらん

（『為忠家後度百首』桜・磯辺桜・伊豆守為業）

②波かくるへちに散り敷く花の上を心して踏め春の山臥

（『為忠家後度百首』桜・浦路桜・兵庫頭仲正）

③山臥の磯のへち踏む真砂地をいかばかりとか足たゆくくる

塩垂れば海人にも袖をかしひ潟磯菜摘みにと波を分けつつ

④いまぞわれ荒磯岩の高波にへち踏みかねて袖濡らしつる

（以上三首、『新撰和歌六帖』第三・いそ）

「山臥」が「心して」（②）、つまり注意を払って踏もうとしてもなお「踏みかねて」（④）袖を濡らしてしまうような場所が、「磯のへち」（①・③）あるいは「波かくるへち」（②）なのであるから、そこは、「へち　辺の路也」（今治市河野《こうの》美術館本『和歌色葉《わかいろは》』）また「岐《ヘチ》　邊道同」（二巻本『色葉《いろは》字類抄《じるいしょう》』）などといった語釈から連想されるような、尋常の「路」や「道」の体《てい》をなすところではありえまい。『梁塵秘抄』に「衣はいつとなく塩たれて」と謡《うた》われた「修行」のありようをも視野に収めれば、古語「へち」は、「海辺ノ廻」として波打際に面した危うい場所を意味するのであろう。

列島の水際に臨んだ地勢

ここに和歌以外の用例を一覧すれば、以下のごとくである。

イ　返ちと申しし方よりまかりいでしに、荒磯に海松布《みるめ》とりし程に……（『行尊大僧正集』）

ロ　いそのへちのかたに修行し侍りけるに、ひとり具したりける同行を尋ね失ひて……（『新古今和歌集』巻第一〇・羇旅）

ハ　伊勢のいそのへちのにしきの島に、磯回《いそわ》のもみぢの散りけるを（『山家集』下・雑）

ニ　大峰の辺地、葛木そのほか霊験の名地ごとに歩を運ばずといふことなし。（『古今著聞集《ここんちょもんじゅう》』巻第二・五二「平等院僧正行尊霊験事」）

ホ　行ク前ノ塩屋在辺路ニ宿スルニ（九条家本『諸山縁起』「役行者熊野山参詣日記」）

ヘ　三宝院末流、滝山千日、大峰葛木両峯斗藪、観音卅三所、海岸大辺路、所々巡礼（徳島県神山町勧善寺蔵『大般若経』巻第一〇八、宴氏房宴隆筆奥書）

ト　三井高祖智証門人、南滝千日籠、鷲峰抖藪四箇度、観音卅三所巡礼、冨士立山白山各禅定、
東八箇国幷出羽奥州修行、四州海岸九州邊路八千枚七度、……
（金剛福寺不動明王画像道興自筆墨書〈近藤喜博『四国遍路』桜楓社、一九七一年〉）

平安時代後期から中世末期にかけての文献資料を通じて、「へち」という仮名表記のほか、「辺地」「辺路」などという真名表記もみえる。『新猿楽記』の古写本に「辺地」とある本文を他本で「礒辺路」「辺道」に作るという異同も、こうした表記が「へち」という古語を表す明らかな文証と考えられよう。もとより「辺地」という表記が行われた背景には、日本を「粟散辺地」と捉える観念、すなわち「仏の教えが行き渡らぬほど仏国土から遠く離れた、粟粒を散らしたような小さな国」とする観念が深く与《あず》かっていることも顧慮されねばならないけれど、それは、「辺地」「辺路」「辺道」「辺」といったさまざまの表記が行われたことを説明しうるまでには至らない。「へち」という古語が想定される所以《ゆえん》である。

もっぱら「山臥」の踏みしめる波打際を示すばかりであった和歌の用例や、「磯のへち」あるいは「海岸大辺路」という例に交じって、「大峰の辺地」といった用例も見出されるところに注意するなら、古語「へち」は、四国のみならず伊勢や紀州あるいは九州などの海岸線や山間の水流に面した地勢をいう用語として捉えるべきであろう。ここから、主として日本列島各地の水際に存する急峻《きゅうしゅん》な地勢を「へち」と呼んだことが洞察されねばならない。「四国のへち」とは、したがって、水際に臨んだ懸崖を意味する古語「へち」を中核としながら、おもに四国の海岸線に存する懸崖を

いう言葉となったものと考えられるのである。

今日、熊野参詣道を大きく三つに分けて「おおへち」「なかへち」「こへち」と呼んでいるのも、「海岸大辺路」という呼び方を通して端的にうかがわれるごとく、地勢をいう古語「へち」に基づいた固有名にほかなるまい。それは、柳田國男《やなぎたくにお》が『地名の研究』において示唆したように、断崖を意味するハケやホキといった古語に基づく地名がこの列島の各地にのこっていることと軌を一にする現象なのである。「大歩危小歩危」あるいは「大崩壊小崩壊」などという文字があてられる吉野川中流部の四国山地の峡谷——「おおぼけこぼけ」と呼ばれるこの峡谷の名もホキやハケと同意語のボケに基づくことを、ここに思い合わせるのである。

古代語としての「へち」

ペシ（pesh）

古史に最も著名な蝦夷地方の後方羊蹄《シリヘシ》は何としてもアイヌ語である。シリはアイヌに最もよく使う「高崖・きりきし」のシリであろうこと、疑いを容れないし、ペシは「水辺のがけ」のことで、これも最も普通に聞かれるアイヌ語だからである。シリペシは水に臨んだ要害の地点であること、この語原からいえるのであるが、今それにあたる所が青森附近にないから、あるいは、語原は別に一考を要するかもしれない。

（「北奥地名考」『古代蝦夷《えみし》とアイヌ』〈平凡社ライブラリー503〉二〇九頁）

かつて金田一京助《きんだいちきょうすけ》博士がふれられた「水辺のがけ」を意味するアイヌ語「ペシ（pesh）」は、あたかも古語「へち」を想起させる。「国語のサ行音は、古代に於てはタ行に通い、寧ろ古代のシは[tʃi] だったようにさえ思われるからである。だから疾風《はやち》のチと嵐《あらし》のシと、同じ「風」という語が両様になっていたり、常陸の国を、衣手《ころもで》のひたしの国と引掛けて洒落れたり、タ行の発音だった『韻鏡』の精・照・穿等の字母に属する諸字はみな我が国にサ行になっている等のことがあるのである」（同書一五六頁）と説かれるところをも考え合わせるなら、アイヌ語「ペシ」と古代語「へち」とがあるいはその根原において密接に関わっていたかと思いめぐらされもする。

このような考えを支える例が、じっさい、『常陸国風土記《ひたちのくにふどき》』のなかに見出されるのである。

ⓐ時に、乗輿を停めて、水を翫で手を洗ひたまひしに、御衣之袖、泉に垂れて沾《ひ》ちぬ。便ち袖を漬《ひ》たす義に依りて、此国之名と為す。風俗の諺に、筑波岳に黒雲挂かり、衣袖漬《ころもでひたち》（の国）、と云ふは是れなり。（『常陸国風土記』総記）

ⓑ那賀郡。……平津の駅家の西一二里に、岡有り。名を大櫛と曰ふ。上古、人有り。体極めて長大く、身は丘壟之上に居て、手に海浜之蜃を摎《くじ》る。其の食ひし貝、積聚りて岡と成りき。時の人、大朽《おほくち》之義を取りて、今、大櫛《おほくし》之岡と謂ふ。（『同記』那賀国）

すでに金田一博士が言及している前者のほか、「大櫛（オホクシ）」という地名を「大朽（オホクチ）」の「義」をとって説く後者の起源説話も、シとチの両音が通う例として数えることができる。

また、方角に関する不定称「いづち」が上代東国語では「いづし」という形に対応することなども思い合わせたい。この「いづし」をはじめとして「チーシの対応は、東国人のことばに多い」（『時代別国語大辞典　上代編』三省堂、一九六七年）とする考察がすでにそなわっている。こうして、アイヌ語「ペシ（pesh）」と相通ずるような、古代語「へち」に対応する「ヘシ」という語形があったとしても不思議ではないであろう。

むすびにかえて――「別子」という地名

さらに、あえて臆測を重ねることが許されるなら、北に法皇山脈、南に四国山脈が連なる山間地域で、銅山川の水源にあたる山村の「別子」という名にも、文治《ぶんじ》五年（一一八九）に近江《おうみ》国北泉の住人近藤半之丞《はんのじょう》藤原季清《すえきよ》とその弟近藤左衛門佐《さえもんのすけ》藤原清俊《きよとし》の兄弟が開いた村で子を別けた山の意味だとする文字表記に引かれた起源伝説のかなたに、かろうじて、この語形「ヘシ」を見定めることができるのかもしれない。いわゆる平成の大合併により現在では吉野川市の一画となっている徳島県麻植《おえ》郡美郷村に「別枝山」という名の山があることや、いくつかの平家伝説がのこる高知県高岡郡仁淀村に、「別枝」また「別司」（嘉暦《かりゃく》二年〈一三二七〉三月八日種野山注進状案）などと記される地域もあったというのは、きわめて示唆に富む。

なお、別子山村の瓜生野《うりゅうの》にのこる「ホキ」という地名についても、従来、村の発祥の地という意を汲んで「発起」と解する向きもあるけれど、むしろ元来は、古語「ほき」に基づくものであったと考える方が穏やかであるように思われる。

コラム　日本古代の旅と交通

松原弘宣

日本古代における一般民衆の最大の旅は、非日常品の購入や温泉・景勝地への行楽、法会などへの参加というような私的交通ではなく、国家財源である調庸物を主とする諸官物の運京、仕丁《しちょう》・防人《さきもり》・衛士《えじ》などの身役《しんえき》のための移動のように、国家によって強制された都鄙《とひ》間交通であった。民衆に課せられたかかる公的交通の特徴は、前近代においてもっとも交通量が多く、かつ、列島全域から国郡司などに部領《ぶりょう》された集団交通であり、上京時には食料などが支給されたが帰国に際しては用意されなかった。さらに、宿泊施設は用意されず村落内寺院や民家の軒先などで宿泊した（拙稿「古代の宿泊施設について」『愛媛大学法文学部論集』人文学科篇一七　二〇〇四年）ことなどがあげられ、きわめて困難で負担のおおきな苦痛に満ちたものであったと指摘されてきた（坂本太郎『古代日本の交通』弘文堂、一九五五年）。

このように古代国家が民衆に都鄙間交通を強制した理由は、調庸物を主とする諸税物の納入対象が、大化前代からの国造系譜をひく郡領氏族ではなく律令国家であることを明確化するためであり、かつ、民衆自らを京まで交通させ平城京という場（装置）を見せることによって、民衆自身に「公民」（おおみたから）と意識させようとしたことがあったと考えられる。また、郡司などの地方豪族が都鄙間交通を独占することを防止し、国家による個別人身支配を貫徹しようとしたこともう一つの理由であった。

すなわち、律令制下での厖大な民衆による都鄙間交通は、民衆自らの欲求や運動によって獲得したものではなく、国家によって強制されたものといえるのである。国家による都鄙間交通の強制を、一般民衆にとって過重な負担という側面のみを強調し、農民の奴隷的性格を示すとの指摘だけでは、古代における民衆交通の本質を明らかにしたことにはならないであろう。過重で苦痛の多い負担であったことは間違いないが、数多くの一般民衆が実際に都鄙間を交通し、その過程で得たものはけっして少なくなく、なによりも数多くの情報を民衆自らが獲得することができたということには、きわめて重要な意味が存在していたのである。

ところが八世紀後半になり、陸路・人担で調庸を運京するとの理念より、国家財源の確実・迅速な確保という点に重点がうつされると、陸路・人担が困難な地域から海運が進展して陸路・人担の強制がなくなり、次第に調庸物の運京も船や水手などの交通手段を保持した地方豪族に請け負われるようになった。ついで、九世紀後半になると、太政官—国司という国衙機関と貴族・寺院のもとに組織された地方豪族とのあいだで都鄙間の交通手段の確保をめぐる対立が激化するようになり、武力を保持しない民衆の都鄙間交通は困難になっていった。さらに、駅伝《えきでん》馬《ま》制度という令制の交通システムが衰退すると、律令官人の交通のための諸制度も崩壊し、八世紀のような頻繁な都鄙間交通は消えて、一般民衆は都鄙間を交通する権利とその過程で得る諸情報から疎外されるようになっていったのである。

こうした平安末期の状況のなかで民衆の交通を復活させようとしたのが、勧進《かんじん》上人《しょうにん》などの活動であり、鎌倉新仏教の布教活動であったと考えられる。そして、近世以降に発展した四国遍路や伊勢参りは、そうした運動の延長線上にあり、一般民衆が自由に交通する権利を自らの手に取り戻す行為であり、運動という側面が存在したのではないかと臆測する次第である。

中世の石手寺と四国遍路

川岡 勉

石手寺と衛門三郎伝説

四国遍路の五十一番札所である石手寺《いして》（愛媛県松山市）は、八十八カ所のなかでもとりわけ豊富な文化財を所蔵することで知られる古刹《こさつ》である。国宝の仁王門をはじめ、重要文化財の本堂・三重塔・鐘楼・護摩堂・訶梨帝母《かりていも》天堂《てんどう》など、鎌倉〜室町期の建造物が数多くのこされている。このほか、やはり重要文化財に指定されている五輪塔や銅鐘、さらに仏像・懸仏《かけぼとけ》・古文書・棟札などにも古いものが少なくない。

石手寺が四国遍路との関わりで重要なのは、遍路の起源とされる衛門三郎《えもんさぶろう》（右衛門三郎）伝説の存在である。近世の伝承によれば、伊予国浮穴《うけな》郡《ぐん》荏原《えばら》の衛門三郎は、彼のもとに立ち寄った旅僧への施しを拒んで僧の持っていた鉄鉢をたたき割った。鉄鉢は八つに割れて飛び散ったが、その翌日から衛門三郎の八人の子が次々と病死するという変異が起きるようになる。仏罰の恐ろしさに驚き、旅僧が弘法大師空海であったことを知った衛門三郎は、空海を追って四国巡礼の旅に出る。巡礼を重ねて阿波焼山《しょうさん》寺で行き倒れて死ぬ衛門三郎の前に、空海が現れて一つの石を授けた。その後、伊予の豪族河野《こうの》氏のもとに、衛門三郎の名が書かれた石を握った子が誕生した。衛門三郎の生まれ変わりであるその子は、成長して河野息方《おきかた》と名乗り、握っていた石は道後温泉に近い安養《あんよう》寺に奉納された。これにちなんで、安養寺は石手寺と改名されたという。以上が、伝承のあらましである。

空海ゆかりの地をめぐるのが四国遍路だとする説は後世に作られたフィクションであり、衛門三郎を遍路の起源とする伝承も事実とは考えがたい。衛門三郎が河野氏の後継ぎに転生したというのも荒唐無稽である。しかし、類似の伝承が近世初めまでにかなり流布していたことは確かである。弘法大師信仰がいつどのようにして肥大化していくかという問題は、四国遍路の歴史を探る上で重要である。ここでは、石手寺における信仰の変遷をたどりながら、衛門三郎伝説の成立時期やその意味するものについて考察を加え、それがとくに熊野信仰と深く結びついて流布されたものであったことを明らかにしていきたい。

刻板文書の由緒書

石手寺の由緒を伝える根本史料とされるのが、永禄一〇年（一五六七）四月に作成されたという刻板文書である。これは縦四〇・八センチ、横一五三・五センチ、厚さ一・六センチの板上に文字を刻んだものであり、前年一一月二〇日に薬師堂・倉蔵が炎上して多くの宝物が焼失したため、石手寺衆徒らの求めに応じて作られたとされる。表面には和銅五年（七一二）から文明一三年（一四八一）までの当寺の由緒が記され、末尾に河野伊予守通宣《みちのぶ》の名前と花押が刻まれている。裏面には、「伽藍棟数」として一四の建造物が書きあげられるほか、「当寺文書」が一一筆、「山野境免許寺社領田事」が三〇筆、「炎上砌残書物霊宝等分」が三三筆にわたってそれぞれ列挙されている。この史料からは、時代とともに当寺の信仰内容が変化し、新たな要素が次第に付け加わってきたことがうかがわれる。

表面の由緒書の最初には、和銅五年二月に白山《はくさん》権現社が勧請《かんじょう》されたことが記されており、北陸の白山信仰をルーツとしていることが注意される。和銅五年という年紀はともかくとして、刻板の裏面に記された「伽藍棟数」の冒頭に西山《にしやま》白山権現宮の名があることからみても、当寺に白山信仰が存在していたことは疑いない。

次に、神亀五年（七二八）の勅宣により伽藍が創建され、翌年三月八日に行基を開眼として薬師如来が安置されたことがみえる。ここからは行基と結びつく形で薬師仏が信仰され、薬師信仰を中核として寺院の体裁が整えられていったことが確認できる。「伽藍棟数」九筆目の「薬師堂　札所本堂十二間四面」がこれに対応し、そこには「真仏行基作」と記されている。薬師如来が当寺の本尊として祀られたのは、近くにある道後温泉との関わりによるものであろう。隣接する義安寺の本尊も薬師如来であり、道後温泉で使用された石造湯釜にも薬師如来が刻まれている。また、石手寺には応永二二年（一四一五）の銘をもち薬師三体仏の表彫をもつ懸仏も所蔵されている。当寺は温泉と深い結びつきをもちながら、薬師信仰を中心として人々の崇敬を集めていったと考えられる。

由緒書によれば、嵯峨天皇の治世期、弘仁四年（八一三）に「法相家を改め真言宗となす」と記されており、これは「当国における密法の始」とされている。当寺は法相宗から真言宗に改まり、伊予国における密教の中心的存在となっていったことがうかがわれる。

熊野山石手寺への改名

由緒書には天長八年（八三一）のこととして、衛門三郎の伝承が載せられ、これをうけて寛平三年（八九一）に熊野権現宮・拝殿・新堂が創建され、翌四年に熊野十二社権現が勧請されたことが記されている。そして、安養寺は熊野山石手寺と改められ、六十六坊敷と江原郷の領地が寄進されたとする。「伽藍棟数」二筆目の権現社（六棟）、一〇筆目の拝殿、一七筆目の新本堂（阿弥陀三尊慈覚大師作）が熊野関係の建造物に相当しよう。前二者が熊野権現の社殿と拝殿であり、後者は熊野権現の本地仏である阿弥陀仏を安置する堂舎である。本尊薬師仏を安置する本堂（薬師堂）に対して、阿弥陀仏のある建物を新堂あるいは新本堂と称したものと考えられる。熊野信仰が入ってきたことによって当寺のあり方に大きな変化が生まれたとみられ、このとき寺名が安養寺から熊野山石手寺と改められたと記されている点に注意しておきたい。石手寺という名称は熊野信仰と結びついて登場してくるのである。

由緒書の寛治三年（一〇八九）の記事として、堀河院の院宣により弘法大師の木像が下賜され、これを安置する影堂が建てられたことが記されている。この影堂が、「伽藍棟数」の一一筆目にみえる大師堂に相当するとみられる。白井優子氏によれば、弘法大師伝説が地方へ波及するのは一一世紀頃で、四国と東国が修行地として強調されるようになるという。実際、讃岐の曼荼羅寺や土佐の金剛頂寺では、寺の由緒を弘法大師と結びつけて語る史料が一一世紀後半に認められる。同じ頃に石手寺に弘法大師の木像が下賜されたというのが事実であるかどうか定かではないが、院政期における弘法大師信仰の一定の広がりを反映している可能性はあるだろう。

鎌倉期の新たな展開

鎌倉期に入ると、弘安二年（一二七九）に河野通有《みちあり》が願主となって三嶋大明神が勧請され、御殿・拝殿・十六王子宮が建てられたことが記されている。「伽藍棟数」の一五筆目にみえる「三嶋大明神　号新宮　御殿・拝殿」と二三筆目の「十六王子　二間八間」がこれにあたる。この頃、河野氏の氏神である三島社の信仰が入ってくるのである。弘安二年といえばモンゴルとの再戦を前に緊張が高まっていた時期であり、各地で異国調伏の祈禱や祭祀が行われ、諸国一宮をはじめとする寺社の復興・造営が繰り広げられていた。通有が三島社に起請文を捧げたのち博多湾に出陣したのは、同四年のことである。石手寺に三島信仰が持ち込まれたのは、伊予における三島社の勢力拡大をうかがわせるとともに、石手寺と河野氏との関係が急速に強まっていたことを示すものといえよう。

由緒書の文保二年（一三一八）の項には、河野通継《みちつぐ》（法名生阿弥陀仏《しょうあみだぶつ》）によって仁王門・護摩堂の再興がなされたことが記されている。通継は通有の父親であり、この当時出家して生阿弥陀仏と名乗っていたことが知られるが、この法名からみて彼は時衆（時宗の僧侶）であった可能性が高い。ここからは、石手寺と時宗との接点が認められる。刻板文書の裏面に刻まれた「当寺文書」の九筆目には、時宗を開いた一遍が当寺に一枚の額を奉納したことが記され、同じく「炎上砌残書物霊宝等分」の二三筆目に一遍が『法華経』一部を奉納したこと、三一筆目に一遍の筆になる権現額が存在していたことが書かれている。河野氏の一族から出た一遍と石手寺の関係を直接示す史料はのこされていないが、鎌倉末期の段階で石手寺に時宗の影響が及んでいたことをうかがわせる。

さらに加えて、同じ頃に勢力を広げた真言律宗が石手寺と接点をもった可能性もある。それをうかがわせるのは重要文化財に指定されている鎌倉期の五輪塔であり、これは古くから伊予守源頼義の石塔と伝承されてきたもので、現在は石手寺前の道路の拡幅に伴い寺の背後にうつされているが、つい最近まで寺の門前にあった。しかし、中世までさかのぼると五輪塔は寺の後ろの山際に存在していたもののようである。一四世紀には律宗の五輪塔が広く西日本に分布するようになることが指摘されており、石手寺五輪塔についても律宗との関わりを検討してみる必要があろう。

札所巡礼の成立

中世の末に至ると、それまで遁世僧（聖《ひじり》）によって取り組まれてきた四国の廻国修行に在家の俗人が加わるようになり、いわゆる四国遍路の札所巡礼が成立してくる。四十九番札所となる浄土寺には大永年間（一五二一～一五二八）の落書きがのこされているが、そのなかには「えちせんのくに一せうのちう人（越前国一乗の住人）ひさの小四郎」と、在家人の活動をうかがわせるものがある。五十一番石手寺の場合も、護摩堂に「与州□奥島　□□□□　四国辺路舟州之住　永禄十三年六月十七日□□静安五月吉日二神家」という落書きがのこされている。また、永禄一〇年（一五六七）の刻板文書裏面の「伽藍棟数」には、九筆目の薬師堂について「札所本堂」と記されており、石手寺では薬師堂が札所の本堂と認識されていたことが知られる。石手寺は四国遍路の札所寺院として、大衆的な信仰を集めていくのである。

以上にたどってきたように、古代・中世の石手寺には多様な信仰が存在し、時代とともに新たな要素が付け加えられてきた。最初は白山信仰の霊場に起源をもち、温泉と深く関わる薬師信仰を中心に寺院としての体裁が整えられていった。その後、平安初期に密教が伝わり、ついで熊野信仰やこれと結合した阿弥陀信仰が浸透した。院政期には弘法大師信仰の広がりをうけて影堂（大師堂）が建てられ、鎌倉後期になると河野氏との関わりが強まって三島信仰が導入されるほか、時宗や律宗などの影響も認められる。戦国期に入ると四国遍路の札所寺院とされ、薬師堂は「札所本堂」として世俗の信者を獲得していくのである。

現在、石手寺の由来というとただちに衛門三郎伝説と結びつけて語られることが多いが、石手寺のもつ多様な信仰とその歴史的な変遷をまずきちんと押さえておく必要がある。衛門三郎伝説の意味や性格も、それを踏まえて議論されなければならないであろう。

石手寺の伽藍配置

石手寺における信仰の変遷は、堂舎の配置や性格からもうかがうことができる。永禄一〇年の刻板文書によれば、当寺が勅宣により国家安全祈願所として創建されたのは、国分寺造営より早い神亀五年（七二八）のこととされるが、その真偽を確かめることはできない。ただし、寺域より奈良時代の布目瓦《ぬのめがわら》が出土していることから、古代寺院の存在は事実とみてよさそうである。創建当初の伽藍配置がどのようなものであったかは不明であるが、再建の際に本来の配置を踏襲することは少なくなく、門を入って右手に塔がある現在の形（この配置は中世末までさかのぼることができる）が当初からのスタイルであったとすれば、東に塔、西に金堂を配する法起寺《ほつき》式の伽藍であった可能性がある。

その後、新たな信仰が付け加わるのに伴って、伽藍配置のあり方は一定の変容をとげていくことになる。薬師信仰・真言密教・熊野信仰・弘法大師信仰・三島信仰などさまざまな要素が混在・融合していくなかで、多くの堂舎が建造されていった。そのうちとくに熊野の勢力が大きなものであったことは、堂舎の配置や規模などからうかがうことができる。

中世末の伽藍の様子を示すとされるのが、当寺に伝えられた「石手寺往古図」と呼ばれる絵図である（これを図1とする）。この図では、東の三重塔と向かい合って巨大な重層の本堂が西側に描か

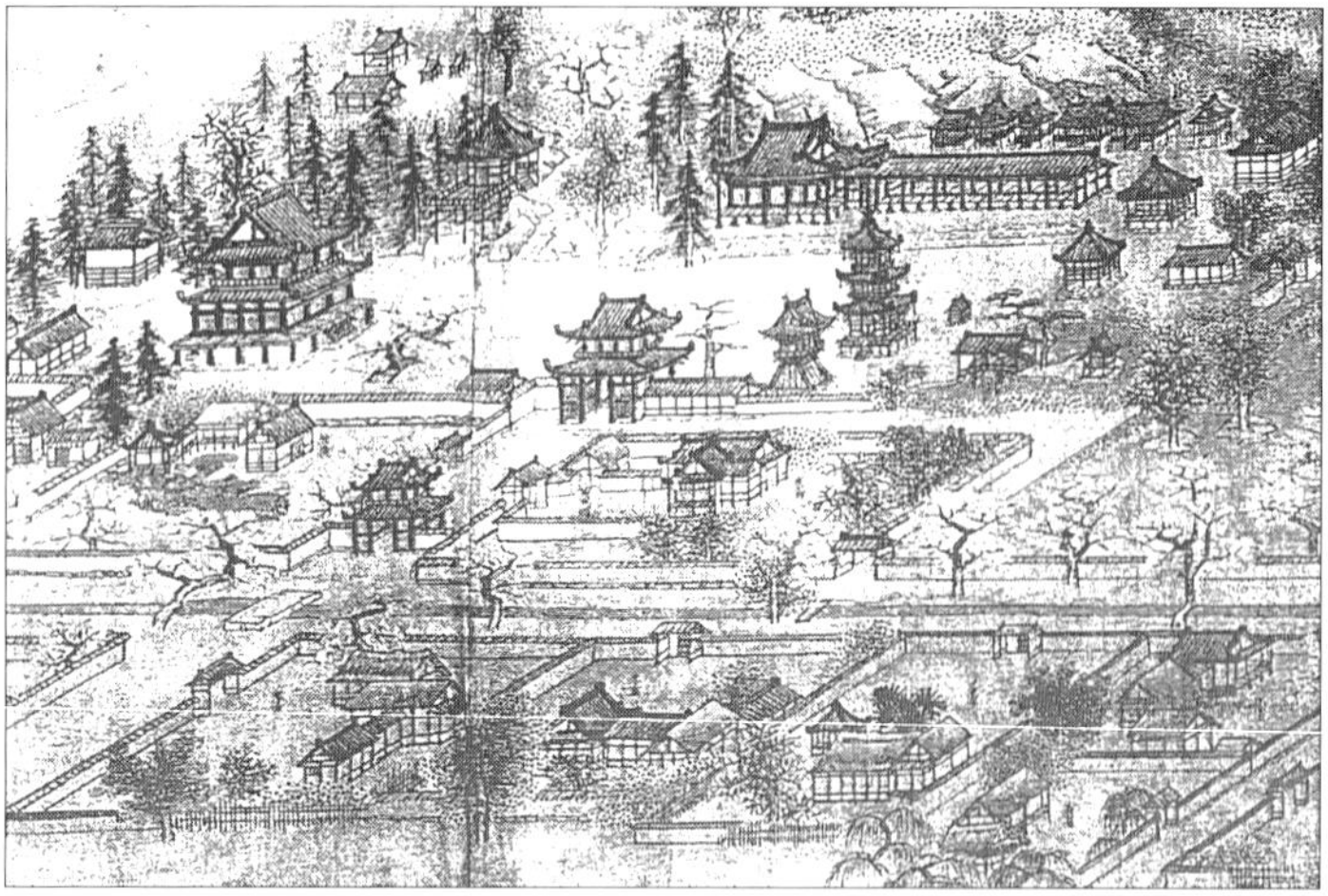

図１　「石手寺往古図」(『道後公園〈湯築城跡〉整備工事報告書』より)

図２　『四国徧礼霊場記』(『四国遍路記集』より)

図3　『四国遍礼名所図会』（『四国遍路記集』より）

れているのが目を引く。巨大な本堂は永禄一〇年の刻板文書の裏面に記された「薬師堂　札所本堂十二間四面　真仏行基作　炎焼時桜木ニ光」に対応するとみられ、同文書によれば薬師堂は永禄九年一一月二〇日に炎上したとされる。一方、図1の北側（正面奥）には熊野権現社（六棟）と拝殿があり、その西隣に接して仏堂が描かれている。この仏堂は刻板文書裏面の「新本堂　阿弥陀三尊　慈覚大師作」にあたるとみられ、熊野権現の本地仏である阿弥陀仏を安置する阿弥陀堂であったと思われる。中世の石手寺では、本堂である巨大な薬師堂に対抗するかのように、熊野社と新本堂（阿弥陀堂）が大きなスペースを占めていたのである。

境内西側にあった十二間四面の巨大な薬

師堂が永禄九年に焼失したあと、規模を縮小して薬師堂が再建されたのは慶長年間（一五九六～一六一五）であったという。元禄二年（一六八九）に作成された『四国《しこく》徧礼《へんろ》霊場記《れいじょうき》』にみえる石手寺の図（これを図2とする）には、門を入って左手に「薬師」、正面奥に「熊野十二所」と記した建物が描かれている。図2の薬師堂は図1に比べて著しく小さく、逆に熊野権現社は一二棟にも及んで境内の中心をなすようになる。承応二年（一六五三）の『四国遍路日記』には熊野権現社に「廿余間ノ長床在り」と記され、やはり規模の大きさが示されている。

同じ近世に作成された『四国遍礼名所図会』にみえる石手寺の図（これを図3とする）では、図2で「薬師」と記した建物を「本堂」と記し、正面奥にある阿弥陀堂を「クマノ」と記している。阿弥陀堂の隣に拝殿、その奥に熊野権現社（六棟）を描いている。図2と同様、図3からも熊野社の勢力の大きさが強く印象づけられる。近世においては、熊野信仰が本来の薬師信仰を圧倒する勢いを示していたことが読み取れるのである。

近代に入ると、明治の神仏分離によって熊野権現社は破毀され、神霊は阿弥陀堂に押し込められたという。明治一二年には、薬師仏を薬師堂（本堂）から阿弥陀堂に移動させ、逆に阿弥陀仏を薬師堂に移した。これに伴い、近世までの阿弥陀堂が本堂となり、薬師堂が阿弥陀堂となって、現在の配置が定まったのである。明治一七年には、熊野権現社がなくなった跡地に大師堂が建設されて今日に至っている。石手寺は近代になって熊野の勢力を一掃し、薬師信仰を中心とする寺のあり方を回復したと捉えることができよう。

石手寺における熊野信仰

石手寺の伽藍配置の変遷をたどってみると、平安期における熊野信仰の浸透は当寺の歴史において重要な画期であったように思われる。前述した通り、永禄一〇年の刻板文書によれば、熊野権現の勧請に伴い安養寺から熊野山石手寺へと名称が変わったとされ、六十六坊敷や寺領も寄進された。本堂（薬師堂）に対抗するかのように、熊野社と結びついた新本堂（阿弥陀堂）も出現する。熊野信仰やそれと結びついた阿弥陀信仰の浸透によって、寺のあり方に大きな変化が訪れたと思われる。そして、中世末・近世の図1・2・3から読み取れるように、中近世において熊野信仰はますます大きな比重を占めていくことになる。石手寺は熊野信仰の重要な拠点であったとされるのである。

ただし、伊予における熊野信仰の広がりについては、弓野瑞子氏によって網羅的に検出がなされており、それは石手寺においてのみみられる現象ではない。また、白木利幸氏は、辺路修行の行場《ぎょうば》であった四国では熊野修験者たちの活動が他の地方以上に深く入り込むことができたとして、四国遍路と熊野信仰の深い結びつきを指摘している。氏によれば、伊予にある四国遍路の札所二六寺のうち、一一か寺に熊野信仰の痕跡をみることができるという。次に述べる浮穴《うけな》郡《ぐん》の菅生《すごう》寺の事例もその一つである。

菅生寺の信仰の変遷

鎌倉末期の「一遍聖絵」には、一遍の菅生の岩屋参籠に関わって当所の由来が次のように説明される。まず、安芸国の住人が狩猟に来て山中に観音菩薩を見出したのが発端である。猟師は観音を安置する堂舎を建てて菅生寺と名づけ、自らは守護神となって野口明神と称されたという。その後、震旦《しんたん》（中国）の朝使が渡来して観音の鎮守となり、白山大明神として祀られることになる。やがて、観音の効験を仰いで土佐の女人が仙人として岩窟に籠り、その遺骨を葬る仙人堂が造られた。また、当所は高野「大師練行の古跡」でもあり、空海が作った不動尊を安置する不動堂が建てられたという。そして、時宗の開祖である一遍が、文永一〇年（一二七三）に当所に参籠するのである。

「一遍聖絵」の詞書からは、当所の中心である観音信仰から始まって、白山信仰や道教の思想を加味しながら、やがて弘法大師信仰と結びついていく流れがうかがわれる。一方、当所に熊野信仰が浸透してくることが山内譲氏の研究によって指摘されており、それは鎌倉期までさかのぼる可能性が高いという。このあと近世に至ると、菅生寺のうち本堂部分が四国遍路の四十四番札所大宝寺《だいほうじ》となり、奥の院が四十五番札所岩屋寺《いわやじ》となる。先行研究では中世の熊野先達の拠点と近世の八十八カ所札所寺院とが重なるケースが多いことが指摘されており、菅生寺についても熊野信仰から四国遍路への連続性を考える必要があろう。

以上のように、菅生寺の信仰の変遷をたどると、石手寺の場合とよく似た要素が認められる。前者の中心が観音信仰で後者の中心が薬師信仰という違いはあるものの、ともに白山信仰や弘法大師信仰、時宗や熊野信仰との接点が見出され、中世末には四国遍路の札所寺院となる。近世初期の承応二年（一六五二）の段階で大師堂の存在が確認できる寺院は伊予国内に三か寺あり、それは菅生寺の後身である大宝寺・岩屋寺および石手寺である。菅生寺は石手寺と並ぶ大師信仰の拠点であったとみて間違いあるまい。そして、その前提として両寺における熊野信仰の存在を重視する必要があるように思われる。

衛門三郎伝説の起源

近藤喜博氏は、衛門三郎伝説は石手寺刻板文書が作成された永禄一〇年（一五六七）までに成立していたとした上で、石手寺の名称が文明一三年（一四八一）の石手寺棟札に見出されることからみて、この伝説は一五世紀には生まれており、さらに古く鎌倉以前までさかのぼる可能性を指摘した。白木利幸氏も、文明期の棟札の記載からみて、一五世紀後半には衛門三郎伝説、さらには四国八十八カ所が成立していたとしている。

これに対し渡邊昭五氏は、この伝説が松山城主河野息利の若君誕生に因縁づけられていることからみて、衛門三郎伝説の近世的な性格は明らかであるとする。しかし、河野氏を松山城主とするのは事実誤認であり、河野氏に結びつけられている点からはむしろ中世的性格を示しているということになろう。渡邊氏は、伝説に含まれる飛鉢説話、杖杉伝説、石による再生というモチーフは古代・中世以来の使い古された設定だとした上で、これに近世的合理性を付与して筋立てを作り上げたものと捉える。伝説成立は文明期（一五世紀）まではとうていさかのぼりえず、江戸初期か秀吉時代頃に流布されたものと結論づけるのである。

それでは、衛門三郎伝説は実のところいつまでさかのぼりうるのであろうか。近藤氏や白木氏のいうように、永禄一〇年の石手寺刻板文書に衛門三郎伝説が出現していることからみて、中世末に流布していたことは明らかである。ただし、この文書にみえる衛門三郎伝説のあらすじは、天長八年（八三一）、仏罰を被って八人の子供を失った衛門三郎が、髪を剃り家を捨てて四国遍路に出、焼山寺の麓で死ぬ間際に空海から石を授かり、やがて国司息利《おきとし》のもとに石を握った男子が生まれたというものである。ここには旅僧への施しを拒絶したり、鉢が八つに割れて飛んでいったとする話も認められず、衛門三郎が空海を追って四国遍路に出たとする設定にもなっていない。本来の衛門三郎伝説は、現在伝えられるよりもはるかにシンプルなものであったことがうかがわれるのである。

石手寺の名称の始まり

文明一三年の棟札に石手寺の名称が認められることから、近藤氏や白木氏は衛門三郎伝説がこの時期までさかのぼることを指摘した。『四国霊場八十八ヶ所　空海と遍路文化展』（図録）でも、文明一三年頃に安養寺が石手寺と改名されたとしている。しかし、石手寺の名称はそれ以前から出現していた形跡を見出すことができる。

鎌倉末期の正安三年（一三〇一）一二月一二日付の六波羅《ろくはら》御教書《みきょうじょ》は、伊予国三島大祝安俊《おおほうりやすとし》代安《やす》胤《たね》の訴えをうけて貞光名《さだみつみょう》内の田地を大祝側に引き渡すよう両使に命じたものであるが、六波羅探題の下知に従わないとして訴えられているのは「井上郷地頭代并同住人石手民部房」である。井上郷は道後温泉を中心として温泉郡東北部に位置する地域であり、この史料にみえる石手民部房が石手寺の関係者であった可能性は高い。ついで建武三年（一三三六）六月一三日付の河野通盛《みちもり》手負注文に、六月五日の比叡山大嶽南尾合戦で戦功をあげた伊予国軍勢のなかに「石手寺円教房増賢」の名を認めることができる。増賢が石手寺の僧侶であったことはまず間違いのないところである。

このように、石手寺の名称が鎌倉末期までさかのぼるのは、ほぼ確実であるが、嘉元四年（一三〇六）一一月の灯籠台座銘に「安養寺奉施入燈籠之事」と記され、元弘年間（一三三一〜一三三四）の伊予国宣に「安養院」とあるように、同時期に安養寺・安養院という名称も使われている。一四世紀前半には、石手寺と安養寺・安養院という名称が並行して用いられていたことになる。

一五・一六世紀になると、「石手寺」という名称が文書史料では一般的である。しかし、その一方で、衛門三郎伝説の初見となる永禄一〇年の刻板文書では、平安期（寛平四年〈八九二〉）に安養寺から石手寺に改号したとする記事を掲げながら、「安養寺」という寺号を使用して寺の由緒を語っている。また、当寺にのこる棟札を調べてみると、慶長一〇年代（一六一〇年前後）までは「安養寺」あるいは「石手安養寺」の名前が使われるのに対し、元和年間（一六二〇年前後）以降はすべて「石手寺」と記載されるようになる。

以上の事実を勘案すると、「石手寺」という名称は戦国期よりもっと古く、中世前期から使われていたとみて間違いあるまい。永禄一〇年刻板文書にみえる平安期までさかのぼることは確認できないものの、鎌倉末期には「石手寺」の名称が史料上に検出されるのである。ただし、「安養寺」という名称が消滅したわけではなく、二つの名が併用されていたとみられる。「安養寺」が正式名称であり、「石手寺」は一種の俗称として用いられ始めたものではないだろうか。その後、中世後期に入ると「石手寺」の名称が一般化するようになる。しかし、「安養寺」の名もまだ消えておらず、棟札などでは安養寺の名称が用いられ続けた。棟札類も含めて完全に「石手寺」に一本化するのは、近世初めの元和年間（一六一五～一六二四）の頃と考えられる。このように、「石手寺」の名称が中世前期から「安養寺」と併用されていたとすれば、衛門三郎伝説の起源もそこまでさかのぼる可能性は高いと判断されるであろう。

石手寺と河野氏の結びつき

永禄一〇年の刻板文書においては、伊予国司息利のもとに衛門三郎と書いた石を握った男子が生まれ、長じて息方と名乗ったことが記されている。そして、息利・息方父子からの系譜関係を明示することなく、白河院政期の伊予守源頼義による伽藍復興、鳥羽院政期の河野親清《ちかきよ》（源頼義末子で河野氏の養子となったという）による伽藍復興、その子通清《みちきよ》による倉蔵建立といった記事が続く。息利・息方の名は河野氏の家譜『予章記《よしょうき》』に記された越智《おち》氏の先祖のなかに出てくるが、彼らは河野氏出現以前の伝説的な存在である。中世末の段階では、衛門三郎伝説は河野氏と明確に結びついた形で語られてはいないのである。ところが近世以降になると、衛門三郎は守護（あるいは国司・郡主）河野氏の子に生まれ変わるという筋立てに変化し、河野息利・息方と表記されるようになる。衛門三郎伝説が河野氏と明確に結びつくのは近世初期と考えられる。

刻板文書をみる限り、平安～鎌倉前期までは、石手寺と河野氏の関係もさほど親密なものではなかったように思われる。むしろ、当寺は基本的に院宣―国宣（院―国衙権力）により権益を保証される存在であったと考えた方がよかろう。ところが、鎌倉後期、弘安二年（一二七九）に河野通有が願主として三島社を勧請したとされる頃から、河野氏と石手寺は強く結びつくようになる。永仁二年（一二九四）には、京都の六波羅探題が河野通有に命じて寺領社領山林竹木四至境田地改《じりょうしゃりょうさんりんちくぼくしいしさかいでんちあらため》を行わせている。また、文保二年（一三一八）には河野通有の父通継（生阿弥陀仏）が仁王門・護摩堂を再建したとされる。河野氏が承久の乱の打撃から立ち直って道後平野に勢力基盤を築いた鎌倉後期以降、六波羅探題をバックとしながら河野氏の影響力が石手寺に及んでいったと考えられる。

鎌倉末・南北朝期の河野通盛の時代になると、通盛が石手寺に田地坪付状《でんちつぼつけじょう》を与えたり、彼が率いた伊予国軍勢のなかに石手寺円教房増賢の名前がみえるなど、河野氏との関係はいっそう緊密となる。通盛は石手寺に近接する場所に湯築《ゆづき》城を築き、ここを本拠地として伊予国を支配する態勢を整えていくことからみても、中世後期の石手寺は河野氏との関係を抜きに語ることはできない。文明一三年（一四八一）の本堂・二門・東西伐貫木門の再興はまさに河野氏権力による造営事業であり、永禄九年（一五六六）の薬師堂炎上・重宝焼失の折には河野通宣《みちのぶ》が由緒を保証した刻板文書を作成することになる。石手寺の僧侶は温泉の入浴に関する特権も河野氏から与えられており、これ以後長く温泉を管理するつとめを担っていくのである。

衛門三郎の発心と遁世僧

石手寺の名称が中世前期に認められるとなると、衛門三郎伝説もそこまでさかのぼる可能性が高い。院政期〜鎌倉期に弘法大師信仰はかなりの広がりをみせ、弘法大師の四国廻国伝承も南北朝期までに成立していたのは確実である。それを前提として、衛門三郎伝説が生まれたものとみられる。

とはいえ、それは近世以降の四国遍路のあり方（在家人が在家のまま遍路に出るという形）が鎌倉以前にまでさかのぼるということを意味してはいない。永禄一〇年の刻板文書によれば、八人の男子が頓死した後、衛門三郎は剃髪して家を捨て、四国辺路の巡拝を行ったという。これは聖と呼ばれるような遁世僧による四国の廻国修行を意味するものである。高野聖《こうやひじり》の元祖的存在として知られる明遍《みょうへん》がのこした法語には「出家遁世の本意は、道のほとり野辺の間にて死せんことを期したりしぞかし」とあり（『一言芳談《いちごんほうだん》』より）、捨聖《すてひじり》一遍の事績を描いた「一遍聖絵」には、「聖としか（鹿）とは、里にひさしくありては難にあふ」と述べられている。若き日の空海や市聖《いちのひじり》空也、あるいは西行や重源、そして一遍など、四国には彼ら遁世僧の活動の足跡を伝える伝承が数多くのこされている。衛門三郎の発心・廻国の伝説もそうした流れのなかに位置づけて捉えられるべきであろう。この点で、衛門三郎伝説が文明年間（一四六九〜一四八七）、さらに鎌倉以前にまでさかのぼる可能性があるからといって、近世的な意味の四国遍路が既に中世に存在していたとする議論には従いがたい。

衛門三郎伝説と熊野信仰

衛門三郎伝説を考える上で、熊野信仰との関連がとくに注意される。白木利幸氏は、伝説の始発となった荏原《えばら》にある八坂《やさか》寺、衛門三郎の転生である男子の握っていた石を奉納した石手寺がともに「熊野山」という山号をもっていることに注目するとともに、衛門三郎が最期を迎える焼山寺についても阿波における熊野信仰の拠点であったとみている。氏は、衛門三郎伝説は熊野修験者によって語られたとするのである。

永禄一〇年の石手寺刻板文書によれば、熊野十二社権現が勧請されたときに、安養寺が熊野山石手寺と改められ、六十六坊敷と江原郷の領地が寄進されたという。熊野信仰の導入に伴って、衛門三郎伝説を踏まえた石手寺への名称変更がなされているのである。ここからは、安養寺から石手寺への名称変更、そしてその前提となる衛門三郎伝説が熊野信仰の浸透と深く関わるものであったことがうかがわれる。すなわち、安養寺が従来の薬師信仰を中心とする寺のあり方を示す名称だったのに対し、熊野山石手寺への名称変更は熊野信仰の浸透と深く関わるものではないかと思われてくる。そして、中世における安養寺と石手寺の名称併用、近世初頭における石手寺への名称一本化は、薬師信仰が熊野信仰に圧倒されていくプロセスを示すものではないだろうか。

近世に作成された『予《よ》陽郡郷俚諺集《ようぐんごうりげんしゅう》』には、衛門三郎が生まれ変わった河野息方を「熊野権現の申子」とし、まもなく当寺に熊野社が勧請されて寺号が熊野山石手寺と改められたとする伝承が書きとめられている。衛門三郎伝説の普及は、石手寺が熊野信仰に染め上げられていく事情を反映していると考えられるのである。

四国八十八カ所の成立時期

内田九州男

諸説の紹介

本稿では、四国八十八カ所の成立時期についての諸説を紹介し、そのうち根拠の明確なものを明らかにし、かつその根拠資料を検討する。よく知られているように、八十八カ所は四国遍路のめぐる札所であり、その成立を探ることは、今日につながる四国遍路の成立を探ることでもある。江戸時代には札所に一宮など神社も含まれていた。しかし明治維新の際の神仏分離で、その別当寺や神宮寺が独立した寺院となり、その寺院が札所になったなど一定の改変はあったが、八十八カ所の大枠は変化なしに継承されている。

八十八カ所の成立についてのおもな学説は次の七つである。

まず各説を発表順に紹介したい。

〈1　景浦直孝説〉八十八カ所成立についての最初の説は、意外にも古く大正六年（一九一七）の伊予史談会の創始者景浦直孝の「円明寺と四国遍路」のようだ。景浦はこの論文で、

四国霊跡巡拝の事は平安期に始まり其霊跡を八十八ケ所と限定せしは寛永慶安の頃にあるべし
と推定する

と述べて、「寛永慶安の頃」、すなわち一六二四年から一六五二年頃と推定している。その根拠となる資料の提示はない。

〈2　新城常三説〉新城常三はその著『社寺参詣の社会経済史的研究』（一九六四年刊）で、次のように述べている。

遍路の姿が一層具体化されるのは、ようやく室町中期以降である。則ち高知県土佐郡本川村越裡門字地主地蔵堂の鰐口で、これは、土佐高岡郡福蔵寺鋳造、文明三年正月一日、福島季クマの寄進に依るが、銘文中注意すべきは、

……奉心願者［　　］大旦那村所八十八ケ所、

とある点である。これは村所則ち一村内の狭い地域を単位として設けられたもので、いわゆる本来の四国八十八所ではないが、当然、文明以前の四国八十八所の成立を示すものである。

とし、かつこれに付した注では、「本史料の文明は或いは天明の誤りか」との疑問を明記している。だが見解としては八十八カ所文明以前成立説を採ったのであった。

さらに新城はこれより一八年後の『新稿社寺参詣の社会経済史的研究』では、

四国八十八所の成立は――現在の札所と一致するかどうかは別として――文明前となるのであるが、これ以上の追求は私の能力を越えるものである。しかし、遍路の形態が八十八所を含め

て江戸以前、室町後末期にはほぼ完成したと看るべきと、文明前成立—室町後末期完成という、いかにも苦しいが一種の二段階説を出したのであった。ただし八十八カ所の室町後末期完成とは何をさすかは示していない。

〈3 近藤喜博説〉近藤喜博はその著『四国遍路』（一九七一年刊）で次のように述べた。

まず中世資料の鰐口としてはただ一箇というのは、高知県土佐郡本川村越裡門の地主地蔵堂の鰐口である。この銘文は既に『高知県史要』（大正十三刊）などにも載せているが、これに村所の遍路としての八十八ケ所を伝えている点が重要なのである。（中略）この村所八十八ケ所とは、一村内の狭い地域に設けられた模倣形式としての四国八十八ケ所の存在を物語っていると考えられ、この点でも特別の興味をそそるのであったが、この新四国八十八ケ所としての存在を通して、文明三年以前、所謂本四国霊場が既に存在していたと解せられ、従来もこれが一つの依拠となっていた。

そしてこの文章の補注において、

この鰐口の銘文については、新城常三教授も、史料的に多少の疑点を提出されているが、それは年号の文明か天明かにあるらしいが、私も四国経廻中、とうとう実見せずに来た。今となっては致し方もない。

と記し、新城同様に「多少の疑点」をもっていたようだが、紹介されている史料に従って、文明年間以前に四国霊場（八十八カ所）は存在していたとしたのであった。

〈4　前田卓説〉次は社会学者・前田卓の説である。前田は近藤と同じ年にその著『巡礼の社会学』（一九七一年刊）において、『四国遍礼霊場記』には九四の霊場を載せていてこの段階ではまだ八十八カ所は成立していない、その成立は霊山寺が一番札所として案内書などに表れる正徳年間（一七一一～一七一六）以後だとした。この前田説は今日でも大きな影響力をもっている。

〈5　宮崎忍勝説〉次に遍路研究者として知られる宮崎忍勝は、その著『遍路──その心と歴史』（一九七四年刊）で、

四国八十八カ所の番次も大体、南北朝のころから室町時代にかけて成立したのでないかと推量される。

と、南北朝─室町時代説を述べている。しかし根拠となる資料の提示はない。

〈6　景浦勉説〉伊予史談会のリーダーであった景浦勉は『四国遍路記集』（一九八一年刊）の「はじめに」で、

巡錫の霊場が八十八ケ所に限定されたのは、はるかのちの室町時代末期と考察されている。

と、室町時代末期説を述べている。ここでも根拠となる資料の提示はない。

〈7　岡本桂典説〉岡本桂典は「土佐国越裏門地蔵堂の鰐口と四国八十八カ所の成立」（一九八八年、以下岡本論文とする）において、土佐国越裏門地蔵堂の鰐口が「村所八十八カ所文明三天」などの銘文をもつことを根拠に、

四国八十八カ所の成立は、越裏門の鰐口が発見されたことにより、文明年間を遡ることは確実

となった。当時の札所が現代の札所と同一とは考えがたいが、室町時代前期には、四国霊場が成立していたとも考えられる。

と、室町前期説を述べたのであった。

以上が、八十八カ所の成立時期についてのおもな学説である。整理すると、八十八カ所の成立時期は古い順に、①南北朝から室町時代にかけての時期（宮崎説）、②室町時代前期（文明三年＝一四七一年以前）（新城・近藤・岡本説）、③室町時代末（景浦勉説）、④寛永慶安頃（一六二四〜一六五二）（景浦直孝説）、⑤正徳年間（一七一一〜一七一六）以後（前田説）と五説あるのである。

では諸説乱立で収拾つかないのかというとけっしてそうではない。問題は各説が明確な根拠となる資料を示しているかどうか、そしてその資料の解読・解釈には検討の余地はないのかという点である。そのように考えると、さきの五つの説で根拠となる資料が提示されているものは、室町時代前期説（新城・近藤・岡本説）、正徳年間以後説（前田説）の二つなのである。

そこで次に、この二つの説の根拠そのものの吟味を行っていきたい。

鰐口銘文（＝八十八カ所室町時代前期成立説の根拠）

ここでは室町前期成立説の根拠である鰐口の銘文を検討しよう。

まず根拠となっている越裏門地蔵堂の鰐口の姿（図1・3）を見ておく。鰐口の最大長は一五・一センチメートル、厚さ二・五センチメートルである。あわせて岡本論文より銘文の位置を示す図

（図2・4）を引用しておきたい。鰐口は図版に見る通り一部欠損している。

図1　正面

図2　銘の位置

図3　裏面

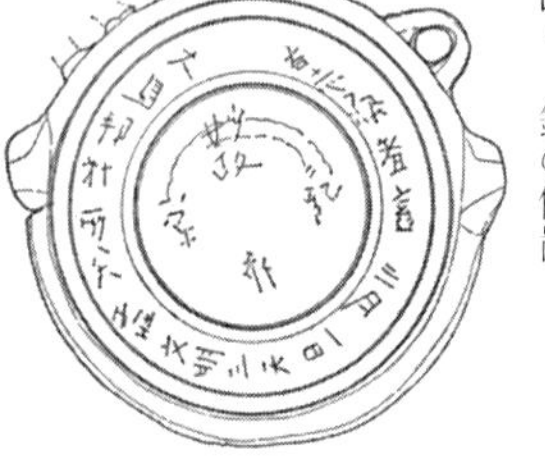
図4　銘の位置

この鰐口銘文は、早く大正八年（一九一九）に武市佐一郎が編んだ『土佐考古志』に採録され、戦後木崎愛吉の『大日本金石史』にも収録されて広く知られ、かつ信憑性も担保されていたようである。しかし、この鰐口は戦時中に軍需品を鋳造する材料として供出されたとされていて、戦後も長いあいだ行方不明であったが、昭和五九年（一九八四）『本川村史』第一巻などの編纂のための社寺調査のなかで、再発見されたのであった。こうした事情があって新城や近藤はこの鰐口を実見できなかったのであろう。現物によって判読した銘文を示しているのは岡本論文だけである。

さて岡本論文によれば、この鰐口の両面には四個の種子（梵字）と六四の文字が刻まれていると

いう。その銘文は、

（正面）カ（地蔵種子）大日本國土州タカヲコリノホノ河　懸ワニ口福蔵寺エルモノ大旦那
福嶋季クマ　タカ寿　妙政
（裏面）大旦那村所八十八カ所文明三天　右志願者旹三月一日　妙政（種子？）
（種子？）（種子？）

と判読されている。そしてその意味するところは、

この鰐口銘によれば、土左国高岡郡本河の越裏門にある現地蔵堂の前身と推定される福蔵寺に懸けられていた鰐口であったことがわかる。そして現在の越裏門は、土佐郡に属しているが、文明年間には、高岡郡に属していたことが明らかになった。また、この鰐口を作るべく願ったものは、福蔵寺に関係した妙政であったことも理解できる。妙政は、越裏門の名主層と理解される福嶋季クマ・タカ寿の援助及び八十八カ所の信者たちの援助により鰐口を寄進したものと考えられる。

としている。問題はこの銘文の判読にある。

筆者は平成一七年（二〇〇五）の三月と六月に二度の調査をお願いしてデジタルカメラによる写真撮影を行った。その調査をもとに同一八年秋にその銘文の全文の紹介を行った。それはすでに別に報告した（参考文献参照）ので詳しくはそれを見ていただくことにして、ここではその概要と結論を示しておきたい。

文字の刻方

〈第一の刻方〉この刻方は、縦や横の線を幾重にも使って文字を刻むやり方である。この方法で刻まれた文字がもっとも多い。文字例「大日那」の「日」（図5・6）と「懸ワニ口」（図7・8）を示そう。図6や図8のような黒地に白抜き文字の図版は、筆者が画像処理をして文字を浮かびあがらせたものである。

図5

図6
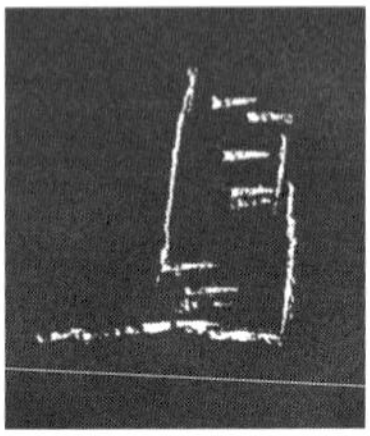

図7

図8
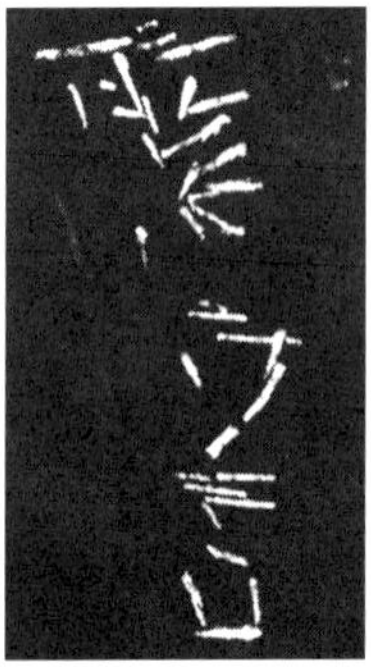

図5・6の文字は「日」にはとうてい読めない。むしろ「鳥」のような文字を刻もうとしたのではないだろうか。図7・8の「懸」の字は「聚」の感じがする刻方であって、懸とは読めない。「ワニ口」の「ワ」は「ラ」に読める。「ニ」は判読不能。「口」は了解できる。

〈第二の刻方〉この刻方は、線をほとんど重ねずシャープに刻み、文字を小さく仕上げるものである。文字例「八十八」（図9・10）。「八十八」のうち、「十」の横線が一回追加で刻まれているよ

図9

図10

うだが、他は鋭いおそらく一回ずつの線で刻まれている。この文字を「八十八」と判読するには異論もあって「米」ではないかとの見方もある。この文字と似た刻方は「天」の字で行われている。この第二の刻方はこの二例のみである。

〈第三の刻方〉この刻方は、非常に弱い線で刻まれている点に特徴がある。文字例「文明」（図11・12）。

「文」の字は横線が折れ曲がっていたり、斜めに交差する線は共に何回か線をつなぐなど第一の刻方に近い。次の「明」と読まれている分が大変薄い刻方である。このままでは「明」とは読めない。ただしこの部分については、摩耗しているのではないかとの指摘もあって、その可能性は否定できない。これと同じ刻方は「土州」の「州」の字である。

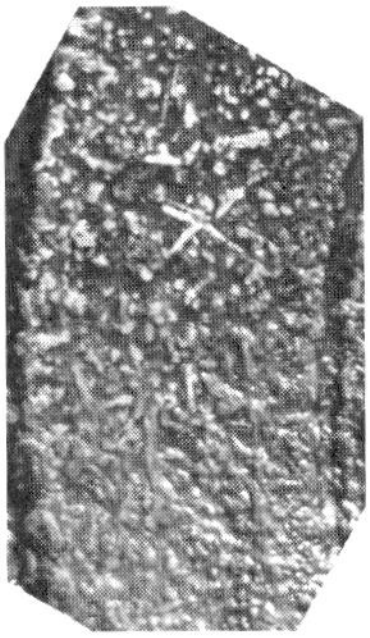
図11

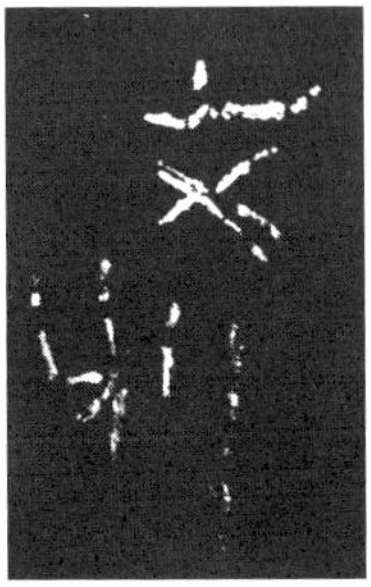
図12

〈第四の刻方〉これは文字にならない刻方である。文字例「ホノ河」（図13・14）と「福嶋」（図15・16）。図14と図16で見ても、「ホノ河」はまったく読めないし、「嶋」も字になっていない。

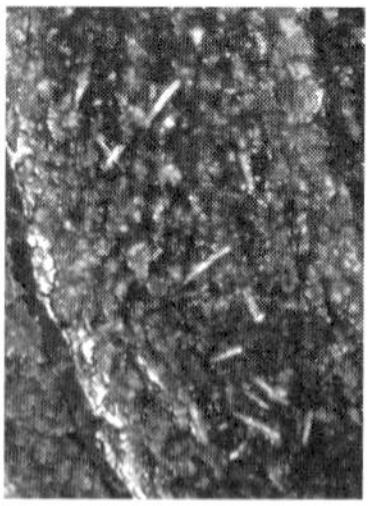
図13

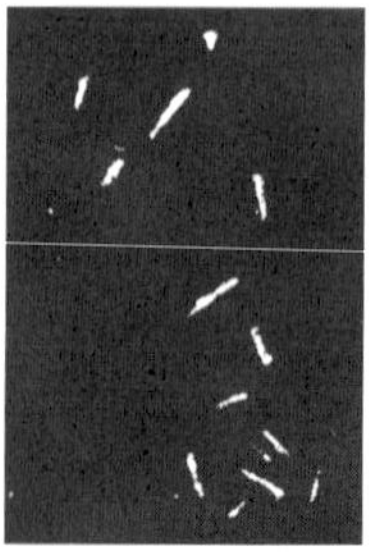
図14

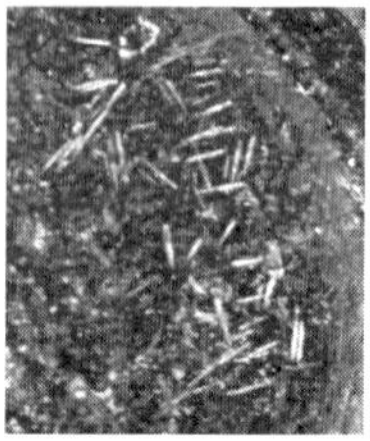
図15

図16

図17

図18

〈第五の刻方〉これは文字の改竄と思われる刻方である。文字例「土」（図17・18）。図17は「土州」と読まれている文字であるが、「州」の文字は非常に弱い線で刻まれているため判読はかなり困難だ。そしてその上が改竄されていると筆者が判断している文字である。どう見ても「土」ではない。では元の字は何か。あえて筆者の推測を述べるならばもとは「与」、これが「土」に変えられたのでは、というものである。

冗長になったが、鰐口の銘の刻方の紹介を行ってきた。こうした検討を全文字に行って、岡本論文の判読との相違を一覧したのが表1である。

銘文を書き出すと、鰐口正面では、

□　□日木□□州タ□ヲコリノ□□□　□□□□口福□寺エルモノ□旦□　福□季□マタ□□妙

政

表1　銘文判読比較

表面		裏面	
岡本論文	内田の判読	岡本論文	内田の判読
カ(地蔵種子)	×	大	×
大	×	旦	×
日	日＊	那	×
本	木	村	村＊
國	×	所	所
土	×	八	八
州	州＊	十	十
タ	タ	八	八
カ	×	カ	×
ヲ	ヲ	所	×
コ	コ	文	文
リ	リ	明	×
ノ	ノ	三	×
ホ	×	天	天
ノ	×		
河	×	右	右＊
		志	志
懸	×	願	×
ワ	×	者	者
ニ	×	皆	×
口	口	三	三＊
福	福＊	月	月
蔵	×	一	一
寺	寺＊	日	日
エ	エ		
ル	ル	妙	妙
モ	モ	政	政
ノ	ノ	種子？	×
大	×	種子？	×
旦	旦	種子？	×
那	×		
福	福＊		
嶋	×		
季	季＊		
ク	×		
マ	マ		
タ	タ		
カ	×		
寿	×		
妙	妙		
政	政		

(注)×はそのようには判読できない。
＊は無理をすればそう読める。

裏面では

□□□村所八十八□□文□□天　右志□者□三月一日　妙政□□□

となった。この結果「土州」「タカヲコリノ」「ホノ河」という文字群（地名）が消え、かつ「福蔵寺」も読めなくなった。また「八十八カ所」は「八十八」しか読めなくなり、「文明三」も読めなくなった。さらに寄進者であろうと推測されていた「福嶋」も再検討である。したがって筆者の結論としては、この鰐口の資料的な信憑性は完全に覆ったのであり、その結果四国八十八カ所が文明三年以前に成立していたという説は成り立たないというものである。

前田説の検討（二）

ここでは資料的根拠をもつ第二の説、前田説を詳しく検討する。前田はその著書『巡礼の社会学』で、

『四国遍礼霊場記』には（中略）、讃岐の善通寺が、第一巻の最初にあり、霊場の数も、讃岐二十五、阿波二十七、土佐十七、伊予二十五と合計九十四の札所が記入されているということである。（中略）このことは元禄時代には未だ四国の霊場も十分に整備されていなかったのではないかと考えられる。（中略）では現在の霊山寺が第一番になるのはいつ頃であろうか。それについての確実な史料はない。しかし、正徳年間以降に出版された各種の霊場案内書には、すべて今日と同じような札所寺院が並べられてあるので、その頃から、阿波の鳴門が第一番と

なったのであろうと思われる。（中略）そして八十八カ所の霊場も正徳以降になってほぼ一定して来るように思われる。

と述べており、四国八十八カ所の成立は正徳以後であると要約することができる。前田の『巡礼の社会学』は遍路・巡礼研究を志す者はかならずといってもいいほど目を通す名著であり、その影響力は大きい。さきに引用した八十八カ所の成立部分は短い叙述であるが、読者にやはり強いインパクトを与えている。

前田はその最大の根拠を元禄二年（一六八九）刊行の『四国遍礼霊場記』では、札所はまだ八十八カ所になっていないという点においているので、その検証を行いたい。

さて、以下の検証には『四国遍礼霊場記』の東京国立博物館本（近藤喜博編・影印本『四国霊場記集』所収）を用いる。はじめに断っておきたいことは、この書籍は三つの書名をもっていることである。表紙には外題として「四国霊場記」が貼り付けてあり、二つの序文には「四国偏礼霊場記」「四国遍礼霊場記」の両方が使われている。ここでは混乱をさけるため、前田が使用した『四国遍礼霊場記』の書名を用いることとしたい。

まずはじめに『四国遍礼霊場記』の各国の目録部分から収録された寺院などの数を確認していこう。表2に各国の目録部分を集めた。

表2　『四国遍礼霊場記』目録一覧

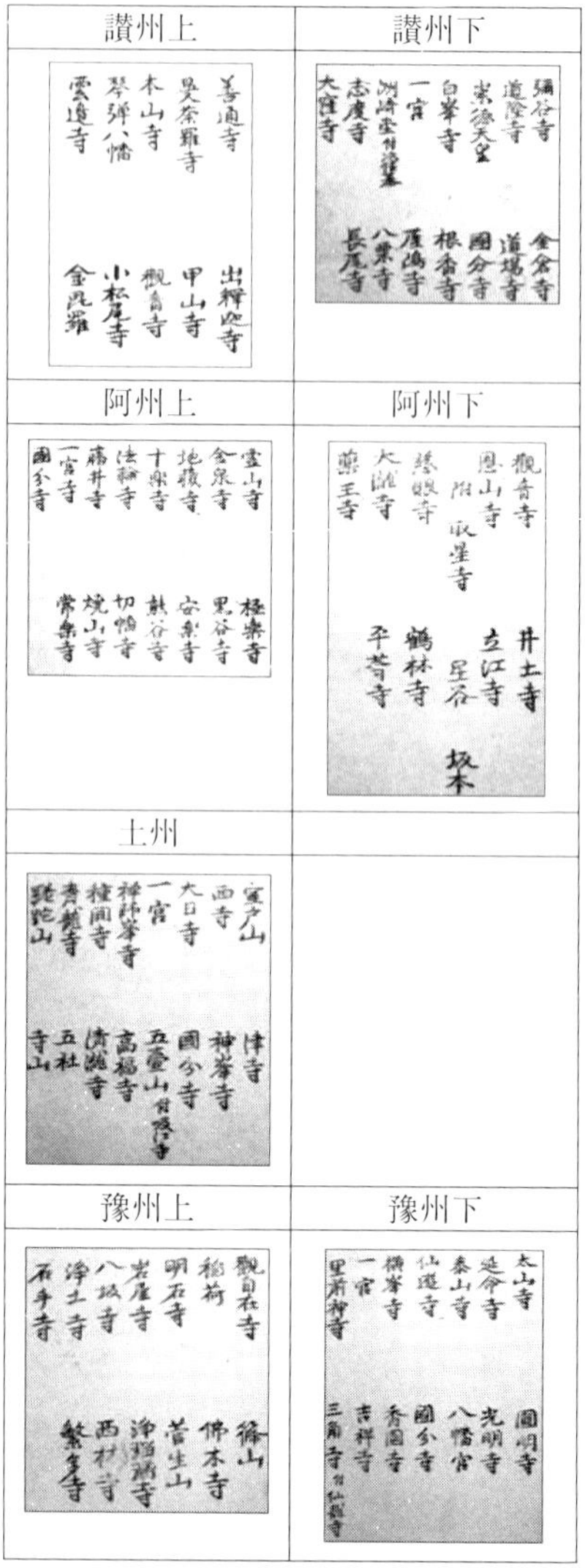

まず讃岐国である。前田は讃岐は札所は二五としている。表2の「讃州上」では一〇か所があげられているので、「讃州下」では「洲崎堂付次信墓」を一とすると一五か所である。

次に阿波。前田は阿波は二七と数えている。表2の「阿州上」は一五か所で、これは数え違いは生じない。したがって「阿州下」では前田は札所は一二と数えたはずである。ということは、「附」の「取星寺」「星谷」「坂本」を前田は札所各一とし、合計三として数えていることになる。

次に土佐。土佐は前田は一七と数えている。表2の「土州」で見ると、「五台山」と「付吸江寺」

を各一として計算すると一七になる。
　最後に伊予を検討する。伊予は前田は二五とする。表2の「豫州上」には一三あって、これは間違えようがない。しかし「豫州下」では、前田が土佐で計算した「五台山」と「付吸江寺」を別々にするやり方を踏襲して、「三角寺」と「付仙龍寺」を各一と数えると一五か所ある。したがって伊予では二八か所あることになるが、前田の数は三足りない。その理由は不明である。

表3　札所など一覧

記載された札所などの数		
国名	前田の計算	内田の計算
讃岐	25	25
阿波	27	27
土佐	17	17
伊予	25	28
合計	94	97

　以上の検討結果を表にすると、表3のようになる。前田は伊予で大きく計算違いをしているようである。前田の数え方を踏襲して数え直すと九七か所が取り上げられているのであった。

前田説の検討（二）

　次に、この九七か所の札所などのなかに、除外すべきものがないかを検討する。各札所などの説明を丁寧に読むと、順礼（＝札所）でないとわざわざ断っているものやあきらかに名所として紹介されているものなどがあって、除外が可能なものが含まれていることがわかる。
　やはり讃岐から検討する。「金毘羅」の説明に注目すべき文言がある。その部分を読み下すと、
　金毘羅は順礼の数にはあらずといへども、当州の壮観名望の霊区なれば、遍礼の人当山に往詣

せずといふ事なし、故に今の載る所也

となる。意訳すると、

金毘羅は順礼の数ではないが、当州の壮観名望の霊験の地であるので、遍路の人で当山に詣でないということはない。であるから、今掲載するのである。

となる。ここでは順礼は札所の意味に使われていて、金毘羅はその「順礼の数」には入らないと明確にいっている。したがって金毘羅は札所の数から除外せねばならない。

次に「洲崎堂付次信墓」である。その説明部分の意訳を示すと、

これは、順礼所ではないが、道筋なのでここに載せる

となって、これも札所に数えてはいけないのである。したがって讃岐ではこの二つの場所が札所から除外されることになった。

同様な記載は阿波と伊予にある。

(阿波)慈眼寺……札所の数ではないが、霊験あらたかな地であるので載せないわけにはいかない。

(伊予)篠山………この所は札所の数ではないが、皆が参詣する霊験の地である。

と説明されている。この結果、阿波と伊予で一か所ずつ除外せねばならない。

次にわざわざ「付」または「附」が記してある寺院や土地を検討しよう。

まずは讃岐。「洲崎堂付次信墓」に「付」がついているが、すでに札所でない旨の記載があって除外した。

次は阿波。ここでは取星寺、星谷、坂本の三か所が「附」の下に記載されている。記述が長いので、短く意訳することにする。取星寺は、

この寺に弘法大師が引き寄せた星（「大師鉤召の星」）があり、これを厨子に入れ蓮華座に安置している。色は青黒色で美しく澄み切っている。愛でるべきものである。

という説明である。星谷は、

星の岩屋があって、三間四方はあろうか。その岩窟の口半ばに数丈の滝がある。ほとんど霊験の地と聞こえている。この岩上に取星寺の星が降りたと言い伝えている。星石山という。星が落ちて石となったことは唐でも昔からいわれている（左伝の説—略）。

となっている。次に坂本は、

この村は、霜の降らない所という。むかし大師がこの所に宿を取ったとき、村人が寒苦に耐えがたいと愁訴するを聞いて大師が加持し、それ以来霜をみないようになったという。隣村では霜が深いので人々はこのことを奇としている。

と記述している。三か所とも大師伝説を伝える地あるいは名所ではあるが、坂本が典型的で記載は村そのものについてであり、札所としての記載は何もない。

次に土佐では吸江寺に「付」がある。その説明は、

この山の麓に吸江寺という禅寺がある。夢想国師の開かれた所である。自作の肖像もある。この禅師のよく知られた泉水と庭石の趣はどこも風流ですばらしいものがあり、この寺を見る人

は格別に思うであろう。十景の名もある。きっと詩もあるであろう。
である。ここも遍路道筋の名刹の紹介である。

伊予の場合、付は仙龍寺である。伊予の三角寺の後に「付」として当寺の奥院金光山仙龍寺と号す。大師の像を本尊とし、一の橋二の橋があって回廊一八間を構えている。南に仙人堂がある。釈迦が岳は大師修法の所といい、岩窟がある。とあって、仙龍寺は三角寺の奥院であるときちんと断っている。他の札所でも奥の院の記述はその札所のなかに含めてあって、目録には掲げていない。仙龍寺は大師像を本尊とし、かつ大師修法の場所があるということで目録にとくに記載したのであろう。

以上の検討から、「付」または「附」のある寺院や土地も札所から除外すべきものと判断できる。

さて最後に除外すべきものをまとめると、

札所でないと断ってあるもの…………金毘羅、洲崎堂付次信墓、慈眼寺、篠山の合計四か所

「付」（「附」）として記載されたもの……取星寺、星谷、坂本、吸江寺、仙龍寺の合計五か所

で、この両方で合計九か所となる。

この結果、はじめに確認した前田の計算方式を踏襲して数えた総数九七から九を引くと、八八となる。すなわち『四国遍礼霊場記』は八八の札所にその他の九か所を加えて叙述されているのである。

さらに『四国遍礼霊場記』を最初から丁寧に読めば誰にもわかることであるが、八十八カ所の存

在もまた札所に順番があることもこのなかに記述してくれているのである。

まず凡例の一部を示しておきたい。意訳すると、

八十八の次第はいつの世に誰が定めたかはっきりしない。いまはその番次によらない。誕生院は大師の出生の霊跡で、四国遍路のこともこれから始まった。だからいまはこの院を始めとする。

と書いている。ここに八十八番の札所が決まっていることが明確に記されている。そして「その番次によらず」とわざわざ記しており、その「番次」(順番)すら決まっていたのである。そして念のため霊山寺《りょうぜんじ》の項を見ると、最後のところに「この寺四国巡拝の最初といふ」とあって、巡拝の最初＝一番であることを記してくれている。

以上によって前田の結論とは完全に異なったものとなった。『四国遍礼霊場記』はこの時期八十八カ所の札所が未決定あるいは未定着であったことの証拠ではなく、逆にこの時点ですでに八十八カ所ができており、その順番すら決まっていたということを示す文献である、ということである。

八十八カ所の成立時期

以上明確な根拠となる資料を伴っていると考えられた室町時代前期(文明三年＝一四七一年以前)説も、正徳年間(一七一一〜一七一六)以後説も成り立たないことが明確になった。では、八十八カ所はいつ成立したといえるのか、『四国遍礼霊場記』刊行の元禄二年(一六八九)以前にさかの

ぼってみよう。

まずあげねばならないのは、承応《じょうおう》二年（一六五三）成立の澄禅《ちょうぜん》著『四国遍路日記』である。澄禅は阿波井土寺から遍路を始めているが、阿波半国を打ち終わった際に、

以上阿州半国おわんぬ、廿三ケ所ノ内十三ケ所成就也

と記し、さらに土佐・伊予・讃岐・阿波の残りを打ち終わったときにもやはり札所数をまとめて書いてくれている。それらは阿波二三、土佐一六、伊予二六、讃岐二三で合計すると、八八となる。したがってこの澄禅の遍路の時点では八十八カ所は成立していたのである。しかし一番とか、二番とかいう番号はついていなかったようだ。澄禅はその点は一切記していない。

さらにこれをさかのぼる史料は寛永八年（一六三一）に出版された古浄瑠璃の『せつきやうかるかや』である。その記述を仮名漢字交じりにして示すと、

その数は八十八所とこそ聞こえたれ、さてこそ四国へんとハ八十八か所とハ申すなり

となる。「四国へんと」と表現しているのは注目されるが、ここに「八十八か所」が明確に出ている。これが現在のところ八十八カ所を記録するものでももっとも古いものである。

さらにどこまでさかのぼればよいのか、これはいまのところ限定はできないが、先学の研究に参考になる点がある。それは、筆者が二段階説とした新城の完成期の史料の問題である。天文《てんぶん》六年（一五三七）作の『東勝寺鼠物語』や同時期の史料に「四国遍路」とは出ても八十八カ所は出ない点、さらには永正年間（一五〇四〜一五二一）から寛永年中（一六二四〜一六四四）に見られる、在俗遍

路の参加を示す札所の落書きにも同様な傾向がみられる点である。こうしたことから、先に示した『せつきやうかるかや』の出版された寛永八年を大幅にさかのぼらなくてもよいのではないかと推測する次第である。

近世演劇にみる四国遍路

河合眞澄

芝居の四国遍路

日本の近世演劇である歌舞伎・浄瑠璃には、しばしば順礼が登場し（近世の表記はほとんど「順礼」であるので、これを用いることとする）、四国遍路を取り入れた作品もいくつか存在する。自由に全国各地を旅行できる現在とは違い、自分の住まいの周辺から離れて移動することが困難であった江戸時代の人々にとって、芝居はまだ見ぬ土地について教えてくれる貴重な情報源であった。しかし、比較的容易に参拝できる西国順礼などに比べて、険しい山道をたどり肉体的な負担の大きい四国遍路に出かける者は少なかったと思われる。

歌舞伎や浄瑠璃の内容は、芝居に作り上げるための潤色が施されているため、そこに登場する四国遍路のすべてが実態通りであるとはいえない。しかし、実際の四国遍路に関する情報をかなり忠実に再現しているものと思われ、遠い土地への信仰の旅を再現する舞台を、当時の人々は多大な興味や好奇心をもって見物したにちがいない。四国遍路をまだ経験していない者は、歌舞伎や浄瑠璃のなかで自分自身が四国遍路の旅に出ている仮想体験をし、すでに経験している者は、自らの過去の記憶をたどって芝居を楽しんだ。それは、現代でもトラベル・ミステリーが歓迎されているのと同様であり、いつの世も旅へのあこがれは変わらない。

　現在のこされている文献資料に基づいて、江戸時代の初期から中期にかけて歌舞伎や浄瑠璃に取り入れられた四国遍路と順礼の例を紹介することとしたい。この時期、文化の中心は上方にあり、歌舞伎・浄瑠璃に関する文献資料も上方のものが多い。したがって、ここでは上方の演劇について述べていくことになる。

元禄歌舞伎『四国辺路』

元禄四年（一六九一）九月、京都の都万太夫《みやこまんだゆう》座において、歌舞伎狂言『四国辺路《しこくへんろ》』が上演された（「狂言」は歌舞伎の演目のこと）。「辺路」という文字遣いは当時の慣用であり、四国が辺土（辺鄙《へんぴ》な土地）と考えられていた時代背景を反映している。四国遍路を扱った珍しい歌舞伎狂言の例である。この作品には絵入狂言本《えいりきょうげんぼん》（挿絵入りのあらすじ本。以下、狂言本と略称する）がのこされていて、芝居のなかに描かれた四国遍路の様子がわかる。狂言本にはあらすじが書かれているのみであり、細部がわからない憾《うら》みはあるが、あらすじからだけでも興味深い事柄がいくつか判明する。

　狂言本『四国辺路』の冒頭には、「私存《ぞんじ》ました者　此夏より　四国をめぐり　初秋の時分に下向仕《つかまつり》ましたが　四国辺路の順礼が　現に利生《りしやう》をうけ　奇特《きどく》のござりましたをみて参り　則《すなわち》　名とこ

図１　絵入狂言本『四国辺路』（天理図書館蔵）表紙

ろ書付《かきつけ》帰りましたを　則三番続《さんばんつづき》に取くみ仕まする」という条の含まれている座本《ざもと》（座頭《ざがしら》役者）山下半左衛門の口上が掲げられている。すなわち、四国遍路の身の上に起こった奇《き》瑞《ずい》の実話の見聞談に基づき、『四国辺路』という三幕物の歌舞伎狂言を作ったというのである。「四国辺路の順礼」という表現から、四国遍路は順礼の一種ではあるが、ほかの順礼とは区別されてしかるべきものと思われていたことがわかる。しかも、その口上のあとに「よう山下さま　きつい入《いり》かな」と記されていて、この芝居は大入りであった。四国遍路に対する興味が、大入りの一因だったのであろう。

歌舞伎『四国辺路』〈第一幕〉

『四国辺路』の第一幕冒頭の場面は、四国八十八カ所の第一番札所《ふだしょ》である阿波国の霊山寺《りょうぜんじ》付近の路上が舞台となっている。この場面のあらすじは、次のようになっている。

讃岐の浪人高松八郎左衛門は、妻子とともに四国遍路をしている。八郎左衛門親子があと少しでめぐり終わるというときに、幼い女の子を連れて遍路の旅に出たばかりの女性と出会う。その女性おふさは、播磨の室《むろ》の遊女屋の主人に捕まり、連れて行かれようとする。八郎左衛門が事情を聞くと、おふさは、闇討にされた夫の敵討のため、遊女屋に身売りをして旅費を作り、弟を敵討の旅に出したのだという。その後、遊女屋の主人に無断で四国遍路の旅に出たため、追手がかかっていたのであった。おふさは泣く泣く遊女屋に戻る決心をする。一方、八郎左衛門はおふさの娘お長を養子にもらい受け、お長を連れて再び四国遍路をすることになる。

この場面から、当時の四国遍路に関してさまざまな情報が得られる。狂言本の本文に即して探ってみる。

1　八郎左衛門親子は「一番に霊山寺《れうぜんじ》・霊山の　釈迦の御前《みまへ》にめぐりきて・万《よろづ》の罪も消へ失せにけり」と順礼歌を歌いながら登場し、おふさ親子も同様に「二番には極楽寺《ごくらくじ》・極楽の弥陀の浄土へゆく法《のり》は・なむあみだぶを　口癖にせよ」と歌いながら遍路をしている。その後、「三番は金泉寺・金泉の宝の池と思へたゞ・こがねの泉　た、へぬるかな」と歌いながら双方へ別れる。

当然ではあるが、遍路は札所にちなんだ順礼歌を口ずさみながら旅を続ける。ここには、一番札所の霊山寺、二番札所の極楽寺、三番札所の金泉寺《こんせんじ》の歌が紹介されている。

2　八郎左衛門親子とおふさ親子がすれ違うとき、おふさが八郎左衛門に銭一文を奉加《ほうが》すると、

図２　絵入狂言本『四国辺路』（天理図書館蔵）挿絵、上段に順礼姿の登場人物が描かれている。

八郎左衛門は「只今両足文《りやうそくもん》の心ざし・此世《このよ》にては　火難　水難　剣難をのがれ・来世は　極楽浄土へ生れん・なむ遍照《へんぜう》金《こん》剛《がう》」と回向する。

すなわち、順礼同士で、金銭的な余裕のある者がほかの順礼者へ報謝することがあり、報謝された側は、報謝した人に祝福の言葉を返すのである。この祝福の言葉（報謝返し）には、定型があったものと思われる。

3　八郎左衛門は、四国八十八カ所の事情をよく知らないおふさに対して、「八十八か所を皆めぐりますれば・道ののりが四百八十八里・川が四百八十八川・坂も四百八十八坂ござる・達者なものは二ケ月計にはめぐります」と教える。この部分からは、四国遍路の道程のきびしい状況と一巡に要するおよその期間がわかる。

4　遊女屋の主人に連れ去られようとしたおふさを助けた八郎左衛門は、「四国辺路をする者は・たとへ見ず知らずの者成共《なりとも》・互ひに見捨てず　様子を聞□とゞけ・通れとあるが　弘法大師よりの掟《おきて》でござる」（引用者注―□は虫食いなどにより解読できない文字を示す）という。これは四国遍路をする者の基本的な心得であり、遍路はつねに相互扶助の精神で助けあい、八十八か所をめぐる旅を全うすることを目的としていたものである。

5　おふさは、無断で遊女屋を抜け出して四国遍路に出た理由を、「何とぞ四国辺路をいたし・一つは夫《つま》の後生のため・又敵をも討取願ひのためと存・書置をして出ました」と語る。「夫の後生」すなわち亡き夫の菩提を弔う、あるいは敵討の願い事の成就を祈るといった四国遍路の目的の一端を知ることができる。苦しい遍路の旅に出るにあたっては、各人がやむにやまれぬ事情を抱え、覚悟したものであろう。

6　遊女屋に戻る決心をしたおふさが、娘お長に遍路をさせたいというと、八郎左衛門は「身共《みども》らは大かためぐりたれ共・此子をつれて　又今一度めぐりなをさふ」といって、おふさの依頼を聞き届ける。

つまり、一巡した後も、さらに遍路を重ねることがあったという例である。実際に二巡以上遍路を重ねた者も多かったようである。

これら六つの例は、実話に基づいたというさきの座本山下半左衛門の口上に従えば、事実にきわめて近い四国遍路のありさまを表しているものと思われる。

歌舞伎『四国辺路』〈第二幕〉〈第三幕〉

第二幕の最後の場面では、遍路にまつわる奇瑞が語られる。ここでは、讃岐に戻っている八郎左衛門とお長が毒殺されるが、死んだはずの八郎左衛門は生きていて、「四国辺路の笈摺《おひづる》・ずんぐに切れ　血に染ま」っている。八郎左衛門は、「扨《さて》は笈摺が　某《それがし》が命にかはり給ふか」と悟り、「かゝる奇特の有《ある》からは・お長も　連れて　辺路をさせた子じや・息の出ることも有ふ」と考え、その通りにお長は息を吹き返す。

「笈摺」は遍路がかならず身につける着衣であり、いわば順礼の制服ともいうべき品である。笈摺がずたずたになっていたことは、奇特《きどく》の現れであり、四国遍路の利生《りしょう》（仏の利益《りやく》）を示している。

さらに、この場面は「四国辺路の御奇瑞こそありがたけれ」という一文で締めくくられ、四国遍路が霊験《れいげん》あらたかなものであることを主張している。

第三幕の最後の場面には、伊予の国主が四国遍路をしているときに、百姓の作介夫婦がやってきて、「四国辺路十五番目　円明寺《えんみやうじ》の門前成《なる》　夕がほ村の作介と申者《まうすもの》にて候・寺に住持なく候間《そうろうあいだ》・据《す》へて下さるべし」と願い出るところがある。これは、十五番札所（正しくは五十三番札所）の円明《えんみよ》寺《うじ》が無住になっているため、住持に任命してほしいという願いである。国主は、「其寺の義は　里の者が出家に成《なつ》て　据《す》はる例でないか」と問い返す。作介が「されば寺は損《そこ》ねまする　知行《ちぎやう》はなし・据はるものなく候《そうろう》」と答え、荒れ寺で知行（扶持《ふち》）も与えられていないため、住持のなり手がいないことを告げる。すると国主は、「しからば　寺も建立して　知行も三百石付て取らせふ」と応じ、寺を建て直し、知行を与えることを約束する。

ここから、当時八十八カ所の札所のうちには廃寺同然の状態のものがあったことや、その寺近辺から住持となる者を捜し出す場合があったことを示している。また、ときには領主が再興に尽力することもあったものと思われる。

このあと、八郎左衛門たちはおふさの亡き夫の敵を討ち取る。浪人していた八郎左衛門は国主に召し抱えられることになる。そのとき、おふさがお長を連れて出て、「此子《このこ》は辺路の奇特にて　二《ふた》たび命助かり候・父もなき者なれば　出家になし・円明寺へ　据へ下さるべし」と国主に訴える。お長は四国遍路の利生によって命を救われた子であり、すでに父を亡くしているので、尼として円明寺の住持にしてほしいという願いである。この願いは、国主によって聞き届けられる。

ここからは、札所のなかには尼寺もあったことがうかがえる。領主の直接の命令によって住持を決定することもあったようである。

以上のように、狂言本『四国辺路』には、四国遍路の実際のありさまがうかがえる部分があり、芝居としての脚色は割り引いて見なければならないにせよ、四国遍路に関する貴重な情報を提供してくれているのである。

浄瑠璃『嵯峨天皇甘露雨』

歌舞伎にも四国遍路の登場する狂言は数少なかったが、浄瑠璃でみつけ得た四国遍路の例は、正《しよう》徳《とく》四年（一七一四）に竹本座において初演された近松門左衛門の作『嵯峨天皇甘露雨《さがてんのうかんろのあめ》』だけである。この浄瑠璃は平安時代に世界が設定されていて、若き日の弘法大師が法力比べなどで活躍する。それにちなんで、四国遍路を取り入れたものと思われるが、四国遍路の成立は早くても平安時代末期と考えられ、さらに、八十八カ所の札所の確立は近世に入ってからと考えられるから、『嵯峨天皇甘露雨』に四国遍路が登場するのは時代が合わない。この錯誤は演劇としての潤色によるものであり、むしろ、初演された正徳四年当時の四国遍路の状況を反映していると考えるべきである。

次に『嵯峨天皇甘露雨』の丸本《まるほん》（浄瑠璃の脚本）から四国遍路に関わる部分の詞章を抜き出し、内容を検討する（傍線は札所を示す。また、省略は……で示した）。

〔第四〕　**四国へん路**

肩に笈摺同行二人《どうぎやうににん》誓ひの。船にまかせ行。……阿波土佐讃岐伊予の国。**四国へんろ**と思ひ立大《おほ》炊《ひ》が妻は。我子の菩提。勝藤《かつふぢ》が妻は父のため。それよりもなを一筋に夫《おつと》〱の此世の願ひ。めぐる利生《りしやう》は。をのづから身の徳島に。舟寄せて。拝み始むる霊山寺。こゝが此世の極楽寺。菩提は山の小牡鹿《さをしか》の。招けどさらに金泉寺。……たゞ黒谷に。墨染の袖五番目に地蔵寺。……繋げ十づゝ十楽寺。十里十ケ所足かろく。……ばつと白鷺立江寺。……是迄阿波の国ざかひ。はや行先は土佐の海。……宝の御崎寺津照寺。それかと人に唐の浜。……こゝは日本一の宮。景も景色も清滝寺に……足摺寺に手をすりて。拝む御寺は寺山院是から。先は伊予簾《いよすだれ》。……仏の木寺名も高く。音に聞えし菅生山。……乗せ〳〵て一節《ひとふし》浄瑠璃寺。……誰が石手寺と名《な》付《づけ》けん。三島佐礼山国分寺。六十五番三角寺是より先は讃岐路とこゝに札打つ石槌山。小松尾山を見渡せば……こゝも蒼海曼陀羅寺。……丸亀の。天王山と白峰の。……**四国へんろ**の。御方便……やくり八島の八栗山。南無や志度寺の観音薩埵《くはんをんさつた》の力を合せ。大悲の縁に大窪寺拝み。納め打ち納め。めぐり納めて数ふれば阿波に廿三《にじゆうさん》所の霊地。土佐の国に十六ケ所廿六ケ所伊予の国。讃岐に廿三ケ所と合せて八十八ケ所は。大師のめぐりそめ給ひ二世《にせ》の。大願成就を教へ導き給ふぞと。思へば旅も苦にならず

これは四段目の冒頭部で、二人の女性――大炊の介の妻と勝藤の妻――が都から四国遍路に向かう道行になっていて、「四国へん路」という道行の題（太字で表記）が付されている。この題以外に、「四国へんろ」という表記が二か所（太字で表記）みられる。歌舞伎では「四国辺路」という表記になっていたが、「辺路」の表記はここではみられない。

道行冒頭には「肩に笈摺同行二人《どうぎやうににん》」とあり、二人の女性は順礼の着衣「笈摺」を身につけている。「同行二人」は、二人の女性が道連れになっていることを示すが、四国遍路の順礼者が、つねに弘法大師とともにあることを表して笠に書き記す言句を掛けていったものである。女性ばかりの四国遍路の実際の事例が多いことが山本秀夫氏によって報告されているが、『嵯峨天皇甘露雨』も、

その実態を反映しているものとも考えられる。

また、「大炊が妻は。我子の菩提。勝藤が妻は父のため。それよりもなを一筋に夫《おつと》〳〵の此世の願ひ」とあることから、二人の女性は、それぞれ亡き子、亡き父の菩提を弔う目的とともに、夫の活躍を願うという現世での利益も求めていることがわかる。すなわち、現世・来世両方での利益を願って四国遍路の旅に出たものといえる。

この道行には、一番札所の霊山寺をはじめとする八十八カ所の札所の内、いくつかが詠み込まれている。煩を厭《いと》わず、文中に登場する順にそれを掲げる。

一番「霊山寺」　二番「極楽寺」　三番「金泉寺」　四番「黒谷」（天目寺）　五番「地蔵寺」　七番「十楽寺」　十九番「立江《たつえ》寺」　二十四番「御崎寺」（最御崎《ほつみさき》寺）　二十七番「唐の浜」（神峰《こうのみね》寺）　三十番「一の宮」（善楽寺は土佐一宮の別当寺）　三十五番「清滝寺」　三十八番「足摺寺」（金剛福寺）　三十九番「寺山院」（延光寺）　四十二番「仏の木寺」（仏木《ぶつもく》寺）　四十四番「菅生山」（大宝《だいほう》寺）　四十六番「浄瑠璃寺」　五十一番「石手《いして》寺」　五十八番「佐礼山」（作礼山仙遊寺）　五十九番「国分寺」　六十五番「三角《さんかく》寺」　六十四番「石槌山」（石鉄山前神《まえがみ》寺）　六十七番「小松尾山」（大興《だいこう》寺）　七十二番「曼陀羅寺」（曼荼羅寺）　七十九番「天王山」（天皇寺）　八十一番「白峰」（白峰《しろみね》寺）　八十四番「八島」（屋島寺）　八十五番「八栗山」（八栗《やくり》寺）　八十六番「志度寺」　八十八番「大窪寺」

六十五番「三角寺」と六十四番「石槌山」だけは、逆の順で出てくるが、「石槌山」を山の名ととれば、逆転とはいえない。
十九番札所「立江寺」のあとに「是迄阿波の国ざかひ」とあって、ここまでが阿波の国の札所であることをいい、次に「はや行先は土佐の海」として、土佐の国の札所に入ることを示している。三十九番「寺山院」の後には、「是から。先は伊予簾」として、伊予の国になり、六十五番「三角寺」では、「是より先は讃岐路」ということで、最後に讃岐の国に入る。これらは、すべて現在の札所の所在と一致している。「めぐり納めて数ふれば阿波に廿三所の霊地。土佐の国に十六ケ所廿六ケ所伊予の国。讃岐に廿三ケ所と合せて八十八ケ所」とされているのも、現在の札所の数と変わりがない。ここに書かれる八十八カ所の札所の情報は、正しく当時の状況を伝えるものと思われる。

次に、『嵯峨天皇甘露雨』の五段目にみられるもう一か所の例をあげる。

〔第五〕
ことには二人の女**四国遍路**八十八ケ所を順礼し。我親のため我子のためと渇仰《かつがう》供養の功徳力。……皆一筋の回向と成て弥勒《みろく》を待たず只今即身成仏す

これは五段目の一部で、四段目において二人の女性が四国遍路を行ったことをうける部分で、「四国遍路」（太字で表記）の漢字表記がみられる。
最後に「即身成仏す」とあるのは、怨念をもつ他の人物の魂をさしている。四国遍路の功徳《くどく》によって、執拗に恨みを晴らそうとする人物の魂でさえ成仏できるという考えがうかがわれ、四国遍

路の効用を高く評価する実状が推測される。

歌舞伎『竹篦太郎怪談記』

元禄期の歌舞伎狂言の実態は狂言本でしか知ることができず、細部を知り得なかったが、少し時代を下って享保《きょうほう》頃になると、現在の脚本にあたる台帳が多く作られて現存し、かなり詳細な内容を知ることができる。現存する江戸時代中期の歌舞伎の台帳は、ほとんどが上方のものである。

四国遍路を上方では直接見かける機会はなく、伝聞情報に頼っていたため、台帳にも登場する例は少ない。宝暦一二年（一七六二）に大坂・角《かど》の芝居で上演された歌舞伎『竹篦太郎怪談記《しっぺいたろうかいだんき》』は、数少ない四国遍路の登場する歌舞伎である。その台帳によると、土佐を舞台とする二つの幕に四国遍路が描かれていて、かなり詳細に情報が伝えられている。田中智彦氏の指摘によれば、最初の遍路絵図は宝暦一三年に出版されているが、本作の上演がそれに先行していることは興味深い。以下、三ツ目・四ツ目（第三幕・第四幕）にみられる四国遍路のありさまを順次紹介する。

A、三ツ目

まず「四国辺路の道者四五人」が登場し、四国遍路をする者は、道者とも呼ばれていたことが判明する。せりふのなかに「真念庵といふて　辺路の旅人を泊める所があるげな」とあるが、真念庵は、真念という一七世紀末の僧が建立した実在の報謝宿である。

「逆に廻る」という表現もみられ、一番札所から順を追ってめぐるのではなく、最後の札所から逆にめぐる者もあったと思われる。

ここには、敵討の相手を捜し求める二人の女性の遍路が登場し、移動の自由を得て国々を尋ね歩くよすがとしている。

B、四ツ目

ここは真念庵の場面で、遍路の道者たちが「杖　笠　草鞋《わらぢ》　行李《こうり》飯杯《めしなど》」を携えて旅立ちの用意をし、「南無大師遍照金剛」という報謝返しの言葉を口にする。報謝返しの言葉については、歌舞伎『四国辺路』にもみられた。真念庵の僧は、札所の道順の案内や通行手形の扱いを教える。これらは、真念庵の実態を写しているものと思われる。

また、「高野山より八十八ケ所を改めの役人」がやってきて、「真言の寺々　法流を吟味する」ことになっているという。いうまでもなく、四国遍路は弘法大師ゆかりの真言宗の霊場をめぐるのであり、真言宗の本山たる高野山の監督下にあったのである。

歌舞伎のなかの西国順礼

四国遍路とは違って、近世演劇のなかに西国順礼が登場する例は多い。次に、歌舞伎・浄瑠璃に登場する西国順礼の例を取り上げる。

三十三所の観音めぐりをする西国順礼は、札所の多くが上方にあり、上方で見かける機会が多いため、数多くの歌舞伎に取り入れられている。歌舞伎のなかの西国順礼の例を列挙してみる。

一、『傾城建仁寺供養《けいせいけんにんじくよう》』（享保九年〈一七二四〉初演、京・布袋屋《ほていや》梅之丞《うめのじょう》座）

曾根松の段で、播磨国加古川の茶店の女おはまは、往来の順礼たちに「お茶参ってござりませ」と勧め、報謝をする。それに対して順礼が、「南無大慈大悲の観世音菩薩《かんぜおんぼさつ》」といって茶を戴くのは、報謝返しの言葉である。

おはまは、「精進潔斎にして　札所をめぐつてこそ後生《ごしやう》にもなろふし　観音様も喜びやさんしよに」といい、西国順礼が後生願いのためであること、観音信仰であることが明確になる。

また、ここでは「何をかなみのこゝに清水《きよみづ》」という順礼歌の一部が使われている。順礼歌は詠歌ともいい、ときには歌詞の一部に異同があるが、近世中期には広く人口に膾炙《かいしや》して、流行歌として扱われていた。西国順礼歌・坂東順礼歌ともに、当時の流行歌集『淋敷座之慰《さびしきざのなぐさみ》』（延宝四年〈一六七六〉刊）に収録されている。

順礼は、「奥坂東を打てこれへ参つた」という。つまり、坂東順礼の後で西国順礼をしているわけで、順礼が一種の風俗と化していたことが理解される。順礼は「打つ」といったことも、ここからわかる。

二、『幼稚子敵討《おさなごのかたきうち》』（宝暦三年〈一七五三〉初演、大坂・角の芝居）

四つ目（第四幕）に、お町という女性が「順礼の形《なり》　薦包《こもづつみ》を背負い　竹杖を持出」とあり、これも順礼の身なりの一つの型である。

この場面は讃岐国なので、お町は西国順礼ではなく四国遍路とも考えられるが、この作は金毘羅《こんぴら》利生譚《りしょうたん》（金毘羅権現の利益《りやく》があらたかであることを語る説話）であって、場所を讃岐国に設定する必要があった。また、お町が出発したのは紀伊国で、敵を追い求めて讃岐国にたどりついたものである。したがって、西国順礼と考えてもさしつかえない。

お町が順礼となっているのは、移動の自由を得て、敵を探索する手段である。歌舞伎では、敵を捜し出すため、順礼の姿にやつす例は多い。

三、『恋飛脚千束文月《こいびきゃくちつかのふみづき》』（宝暦四年〈一七五四〉初演、京・四条通南側芝居）

三ノ口（第三幕の最初の場面）は、姫路の八正寺《はっしょうじ》の開帳参りの場面に設定されている。幕開《まくあ》きに「物貰《ものもら》ひ　願人《がんにん》　乞食　順礼　賽《さい》の川原並び居る」とあるのは、参詣の人々を当て込んで、喜捨を期待する物乞《ものごい》たちである。つまり、ここに登場する「順礼」は、信仰心で廻国する本物の順礼者ではなく、順礼の出立《いでた》ちで立っている物乞の一種と考えられる。

このようにうわべの格好だけを真似て、往還で報謝を受けることを生活の手段とする順礼が、出現するようにもなっていた。順礼には報謝する人が多いことを当てにして、生業としていたのである。

四、『金門五山桐《きんもんごさんのきり》』（安永七年〈一七七八〉初演、大坂・角の芝居）

三ノ口（第三幕の最初の場面）は、現在でも「楼門《さんもん》」の場としてよく上演される南禅寺山門の場面である。ここに真柴久吉《ましばひさよし》（羽柴秀吉《はしばひでよし》の当て込み）が、「順礼の形《な》リにて　笈摺を懸《かけ》　笠を持　杓を頬杖《ほほつえ》にして」姿を現す。順礼の定型の姿に、報謝を受けるための柄杓《ひしゃく》もあったことがわかる。

禅宗の南禅寺に観音めぐりをするはずの順礼がやってくるのは、違和感があるが、順礼は巡拝の途次、信仰目的以外の社寺に立ち寄ることもあった。

打ち込まれた手裏剣を、久吉は柄杓で受けとめ、「順礼に御報謝」というせりふを口にする。これは順礼が報謝を求める定型句であり、それを趣向に生かしている。
五、『袖簿播州廻《そでにっきばんしゅうめぐり》』（安永八年〈一七七九〉初演、大坂・角の芝居）
場面は播磨国で、五段目に順礼が「西国の形《なり》」で登場する。ここでいう「西国」は西国順礼のことであり、短縮して「西国」といっただけで意味が通じるほど、西国順礼が馴染み深いものになっていたことを示している。

「わしらは初《はじめ》て西国し升《ます》ルから」という用法も見られ、西国順礼の旅をすることを、「西国する」といっている。これも西国順礼の一般化の現れである。

ここに登場する順礼は、「此書付《このかきつけ》の処《ところ》で泊れと　国元の者が教へました」といい、順礼の旅に出る者同士が情報交換をしていたことも推測される。

浄瑠璃のなかの西国順礼

浄瑠璃では、近松半二《ちかまつはんじ》の『傾城阿波の鳴門《けいせいあわのなると》』（明和五年〈一七六八〉初演、竹本座）をあげておこう。この浄瑠璃が作られた時期はかなり時代が下がるが、順礼の登場する浄瑠璃のなかではもっとも著名な作といってよい。

『傾城阿波の鳴門』の八段目は、阿波に縁があることから、いまでも徳島の人形浄瑠璃で紹介される代表的な演目であることをはじめ、現在の歌舞伎でも文楽でもしばしば上演される機会をもつ。現在上演されるのは、お弓が泣く泣く娘おつると別れる子別れの場面である。

〔第八〕

補陀落や。岸打つ波は。三熊野の。那智のお山に。響く滝つ瀬。年シは。やう〱とを〲の道を。かけたる。笈摺に。同行二人《どうぎやうににん》と記せしは。一人リは大悲のかげ頼む。ふる里をはる〲。こゝに。紀三井寺《きみゐでら》。花の都も。近くなるらん。順礼に御報謝と。言ふも訛《やさ》しき国なまり。テモしほらしい順礼衆。ドレ〱報謝しんぜうと。盆に精《しらげ》の志。……そしてとゝ様やかゝ様と一《い》ツ所《しよ》に順ン礼さんすのか。イヱ〱其とゝ様やかゝ様に逢たさ故。夫レでわし一人リ。西国するのでござりますと。聞てどふやら気にかゝる。……恋しいとゝ様やかゝ様。譬《たとへ》いつ迄かゝつてなと。尋《たづね》ふと思ふけれど。悲しい事は独旅《ひとりたび》じやてゝ。どこの宿でも泊めてはくれず。野に寝たり山に寝たり。人の軒の下に寝ては擲《たゝか》れたり。……どこをどふして尋たら。とゝ様や。かゝ様に逢《あは》れる事ぞ。逢してたべ。南無大悲の観音様。父母の恵も深き。粉川寺《こかはでら》。仏ヶの誓。頼もしきかな。……笈摺も二親の有ル子じやによつて。両方は茜染《あかねぞめ》

原作では浪花の玉造《たまつくり》の町家が舞台となるが、現在上演される際には、どんどろ大師の境内に改変されている。両親と生き別れになっている幼い娘おつるは、父母を捜し求めて、阿波の国から大坂にやってくる。偶然おつるが訪れたのは、父の十郎兵衛と母お弓の住む家であった。十郎兵衛は主

人のための金策に奔走しており、その留守にやってきたおつるを、お弓は我が子と知りながら、事情があって親子の名のりをしないまま行かせる。十郎兵衛は、道で出会ったおつるが大金を所持していたため、我が子とは知らずに殺してその金を奪う。そのことを知ったお弓は、夫十郎兵衛とともに悲嘆にくれる。

　おつるは一番札所の詠歌を歌って登場する。「笈摺に。同行二人《どうぎやうににん》と記せし」とあって、四国遍路であれば笠に記す「同行二人」の文字は、西国順礼では笈摺に書かれている。おつるは、続けて二番札所の詠歌も歌う。順礼歌は、ご当地でなくとも順番に歌い継ぎつつ道中するもののようである。

　おつるは報謝を求めて、「順礼に御報謝」という。これは、報謝を乞うときの決まり文句である。これを聞いて、お弓は「盆に精《しらげ》の志」の報謝をする。「精《しらげ》」は精白した白米のことで、盆に一握りの白米を載せて差し出し、順礼はそれを柄杓に入れてもらうのであろう。

　お弓は幼い順礼娘に、「と、様やか、様と一《い》ッ所《しよ》に順ン礼さんすのか」と尋ねる。親子連れの順礼も多かったことが、この言葉から推測される。おつるは「わし一人リ。西国するのでござります」と答える。小さな子供が一人で旅をする手段として、順礼は有効であったと思われる。しかし「独旅《ひとりたび》じやて、。どこの宿でも泊めてはくれず。野に寝たり山に寝たり。人の軒の下に寝ては擲《たゝか》れたり」という悲惨な状況であった。西国順礼することを「西国する」という言い回しも、ここにはみられる。お弓を母親とは知らずに去っていくおつるが歌う「父母の恵も深き。粉川寺。仏ヶの誓。頼もしきかな」は、三番札所紀州の粉河寺《こかわでら》の歌である。

最後に「笈摺も二親の有ル子じやによつて。両方は茜染」とあるのは、お弓が十郎兵衛におつるの身なりを説明する言葉で、親の有無によって笈摺の色が異なることをいっている。これは、「父母ある者、左右茜染。片親ある者、中茜染。父母ともに亡き者は、全く白なり」とする江戸時代の百科事典『守貞謾稿《もりさだまんこう》』の記述に合致する。


以上のような歌舞伎・浄瑠璃にみられる例からして、近世中期の上方では、比較的行程の容易な西国順礼は、すでに風俗化していたといえる。「秋遍路」という語が近世に見られ、これは気候のよい時季に四国遍路の旅に出る者が多かったことを示しており、嶮岨《けんそ》な山道を行く四国遍路でさえ、ある程度風俗化していたこともうかがえる。また、とりわけ移動の困難な女性や子供が、安全かつ自由に旅をする手段として西国巡礼や四国遍路の姿をとっていたことも明らかである。

劇中の西国順礼・四国遍路は、いわば観客の代参でもあり、見たこともなく行くことも難しい土地についての興味を促し、順礼についての知識と情報を与えてくれる役割を果たしていたといえよう。

コラム　十返舎一九の描いた四国遍路

神楽岡幼子

十返舎一九といえば、弥次さん喜多さんの珍道中を描いた滑稽本『東海道中膝栗毛』で知られる江戸時代後期の戯作者である。この『膝栗毛』で一九は人気作家としての地位を不動のものとし、『続膝栗毛』『続々膝栗毛』をはじめ、『江之島土産』『一九之紀行』『奥州道中之記』など、次々と道中記ものの滑稽本を発表することになる。ところで、一九は草双紙《くさぞうし》と呼ばれる大人を対象とした絵本の作家としても人気を博しており、草双紙のジャンルにおいても道中記ものをヒットさせていた。

そのなかには四国遍路を扱った草双紙もある。『金草鞋《かねのわらじ》』と題された草双紙がそれである。これは文化一〇年（一八一三）に第一編発表後、一九没後の天保五年（一八三四）に至るまで、二〇年余りにわたって出版され続けた人気のシリーズで、各編ごとに各地の道中記を展開させるが、その第一四編に四国遍路が取り上げられ、文政四年（一八二一）に刊行された。江戸発の遍路の行程として、丸亀到着より七十八番札所道場寺（現・郷照寺）を出発点とし、順次、八十八カ所を描いていくが、作中には本尊や御詠歌の紹介などの札所案内、札所から札所への行程や道中の接待場や茶店、宿所の紹介など、旅好きの読者を喜ばせる情報がぎっしりと詰めこまれている。

現代でも旅のガイドブックを眺めたり、時刻表を眺めたりすることで旅をしている気分を味わう旅好きの人もいるが、江戸の人とて同様で、『金草鞋』を眺めながら、まだ見ぬ四国遍路に思いを馳せたり、以前に行った遍路の道のりを思い出したりしたことと思われる。旅好きの一九自身も以前に四国に来たことがあり、道後の湯、土佐の高知、阿波の徳島をまわり、道中、近場の霊場にも参詣したという。道後温泉は一九も堪能したらしく、『金草鞋』においても詳しく描き込まれている。そのほかにも『金草鞋』にはそのときの見聞が含まれていることであろう。

しかし、『金草鞋』は一九の四国探訪の経験のみを頼りに書かれたわけではない。じつは一九にはタネ本があった。『四国偏礼道指南《しこくへんれいみちしるべ》増補大成』である。この本は四国遍路の道中案内のガイドブックであるが、当時、実用書として売れ筋のものであった。これと『金草鞋』を読み比べてみると、一九は道中案内の箇所はこの『四国偏礼道指南増補大成』をなぞるような形で札所の解説を加え、道程を展開させていることが明らかである。現代の感覚でいうと、盗用ではないか、著作権にふれるのではないかと注文をつけたくなるところかもしれない。しかし、江戸時代においては先行作品をいかに使いこなすかということも作者の腕の見せ所であり、常套の手段である。

それでは『金草鞋』のおもしろさはどこにあるのか。『金草鞋』は道中案内が主要な目的であるが、そこに一九ならではのふざけた挿話を用意し、機知に富んだ狂歌を配していく。その一九のたわいない、ときに下品ではあるが、誰にでも通じる単純なユーモアが『金草鞋』の魅力の一つでもあった。情報の羅列である無味乾燥な道中案内のガイドブックを読み物として、絵本として、誰もが楽しめる愉快な一作に料理した点が一九の手柄であり、『金草鞋』のおもしろさなのである。

Ⅱ　アジアとヨーロッパの巡礼

天台山に惹かれた唐人たち

加藤国安

天台山――風光明媚な聖地

今年（二〇〇六）は、最澄が比叡山に天台宗を開基して一二〇〇年になる。これを記念して東京国立博物館では、「天台宗開宗千二百年記念　最澄と天台の国宝」展を開催した。延暦二五年（八〇六）、日本の天台宗はこの世界文化遺産たる比叡山延暦寺で始まった。その故郷が、中国の天台《てんだい》山《さん》である。最澄が渡った当時は唐王朝だった。その頃の天台山は、どんな霊山として人々に崇められていたのだろうか。

その前に、まず天台山の場所を確認しておく。浙江《せっこう》省の省都杭州《こうしゅう》から東南へ二二〇キロ、バスで直行すれば約四時間。現在は、高速道路ができていて便利である。二〇〇二年、私は紹興《しょうこう》、寧波《ねいは》を経由して天台県に入った。天台山は、じつはいくつもの峰々からなる山脈で、最高峰は華頂峰《かちょうほう》ともいい標高一一三八メートルある。古くから絶景の地として知られ、道士や隠士が多く住み、やがて仏教の聖地ともなった。現在も豊かな自然と歴史ある文化は生き続けており、国の重点風景名勝区

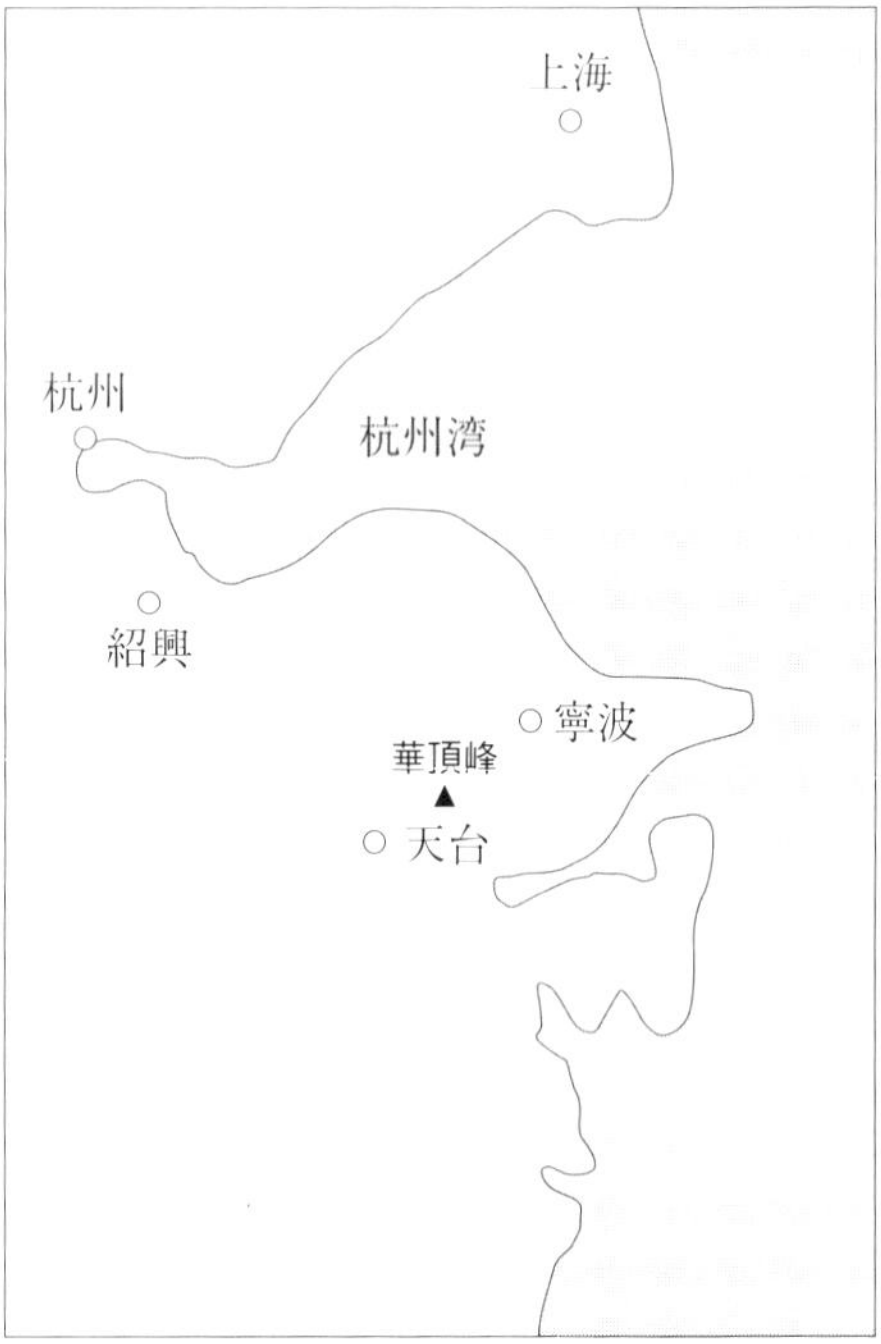

図1　関係略図

に指定されている。

天台山はもとは神仙の山だった。この山が天台宗の聖地となったのは、開祖智顗《ちぎ》（尊号天台大師　五三八〜五九七）が入寂した後、隋《ずい》の開皇《かいこう》一八年（五九八）、晋王公（のちの煬帝《ようだい》）が彼のために国清寺《こくせいじ》の建立に着手し、以後、この寺が天台宗の総本山となってからのことである。それ以前の天台山は、むしろ神仙の聖山として有名だった。

たとえば、東晋《とうしん》（三一七〜四二〇）の顧愷之《こがいし》（三四四〜四〇五？）著『啓蒙記《けいもうき》』の注釈書「啓蒙記注」には、「晋《しん》の隠士の白道猷《はくどうゆう》は之《これ》を過ぎるを得て、醴泉《れいせん》・紫芝《しし》・霊薬を獲《う》る」（『太平御覧《たいへいぎょらん》』巻四一「天台山」）とあり、宋《そう》王朝（四二〇〜四七九）の「異苑《いえん》」には、「会稽《かいけい》の天台山は遐遠《かえん》にして、生を忽《ゆるが》せにし形を忘るるに非《あら》ざれば、躋《のぼ》ることあたわざるなり」（『太平御覧』巻四一）とあり、「名山略記」（撰者名など不明）には、「天台山は剡《せん》県に在り。即ち是れ衆聖《しゅうせい》の降《お》る所にして、葛仙公《かっせんこう》の山なり」（『芸文類聚《げいもんるいじゅう》』巻七）などとある。

唐以前に、天台山を詠んだ作品としてもっとも有名なのは、東晋の孫綽《そんしゃく》（三二〇〜三七七）の長編「天台山に遊ぶ賦」（『文選《もんぜん》』巻一一）である。その冒頭部分はこう記される。

天台山なる者は、蓋《けだ》し山岳の神秀《しんしゅう》なる者なり。海を渉《わた》れば則ち方丈《ほうじょう》・蓬莱《ほうらい》有り。陸に登れば則ち四明《しめい》・天台有り。皆、玄聖《げんせい》（仙人）の游化《ゆうか》する所にして、霊仙の窟宅《くったく》する所なり。……応《おう》真《しん》（羅漢）は錫《しゃく》を飛ばして以て虚《きょ》を踏む。

賦のなかに神仙（老荘《ろうそう》）と仏教が混在、賦中に仏教が詠まれたほとんど最初の例である。また天台山の魅力を筆を尽くして多面的に描写。この名作が、のちの天台山の詩賦に大きな影響を与えていく。それを説く前に、天台山の歴史をもう少しみておこう。

陳王朝の太建《たいけん》七年（五七五）、智顗《ちぎ》法師がいまの南京からこの天台山にやってきて庵を結んだ。ある老法師がここに寺を建立するよう勧め、「もし寺ができれば、国はかならず清くなろう」と述べたので、智顗はここに寺を建てる準備を進めた。隋・開皇一七年（五九七）、智顗が円寂。そのとき、「私の死後、一〇〇年後に東方から高僧が『妙法蓮華経』を受けにこよう」と言いのこしたという。この高僧こそ、わが最澄と伝えられる。同一八年（五九八）、隋の晋王公（のちの煬帝《ようだい》）が智顗の弟子灌頂《かんじょう》に寺を建立させ、大業《たいぎょう》元年（六〇五）、煬帝に即位してから完成。勅命により「国清寺」と名づけられ、ここに天台宗の隆盛は始まるのである。

玄宗の頃——仏教から道教の聖地へ

　しかし、煬帝の手厚い庇護を受けたことがあだとなり、唐王朝に交代するとまもなく天台宗は衰退の道をたどり始め、道教の厚い信奉者だった玄宗の頃には、天台山はむしろ道教の有名な聖地となっていた。玄宗の周辺には、多くの道士が集められたが、なかでも重要な人物が、天台山の道士・司馬承禎《しばしょうてい》（六四七～七三五）だった。彼は国中の道教の聖地を初めて整理し、「十大洞天《どうてん》、三十六小洞天、七十二福地《ふくち》」を掲げた。このリストを「天地宮府図」（『雲笈七籤《うんきゅうしちせん》』巻二七）という。道教の霊山をくくる言い方として、三十六とか七十二というこの聖数字は、古く日本にも伝来。都良香《みやこのよしか》の弁として、次のように記されている。

　四九三十六天、丹霞《たんか》の洞は高く闢《ひら》け、八九七十二室、青巌《せいがん》の石は削り成す……。故《ふる》きを吐きて新しきを納《い》るるは、著《あらわ》るること黄老《こうろう》の術よりす。（『本朝文粋』「対冊の部」）

「天地宮府図」中、天台山系でもっともよく知られるのが赤城山《せきじょうさん》で、「十大洞天」の第六にあたる。これは天台山の入口にそびえ、赤い岩肌がとても印象的なため、孫綽《そんしゃく》「天台山に遊ぶ賦」には、「赤城は霞起こりて標《しるし》建つ」と詠まれる。標高四〇〇メートルで、山頂には仏塔がそびえ建つ。天台山に入るには、まずこの赤城山を通らなければならない。

　天台山でもっとも有名な史跡は、石梁《せきりょう》である。筆者も実見したが、険しい両崖に架かった天然の巨石の橋で、長さは七メートル、幅が狭い所で三〇センチほど。真下は滝壺。滝の落差は約三〇メートルで、「石梁瀑布」とも称される。古来、生死を超越した者しか渡れないとされ、脱俗の世界の象徴とされてきた。まさに不動の精神と強い集中力が求められる。この「石梁瀑布」の話は昔から喧伝されていて、初唐《しょとう》の宋之問《そうしもん》「霊隠寺《れいいんじ》」詩にも、「天台の路に入るを待って／余が石橋《せききょう》を渡るを見よ」と詠まれている。

さらに「桐柏観《とうはくかん》」「桐柏宮」の史跡もある。桐柏観は、景雲《けいうん》二年（七一一）、司馬承禎《しばしょうてい》により建てられたもので、崔尚《さいしょう》「唐天台山新桐柏観頌」（『全唐文《ぜんとうぶん》新編』巻三〇四）では、「天子、命を下に布《ふ》し、新たに桐柏観を作らしむ」と記される。が、一九五八年、桐柏ダムが造られたとき、湖底に沈んでしまった。ちなみに桐柏宮の方は現存する。

天台山詩の開拓者――孟浩然

中国詩史上、天台山詩の開拓者は東晋の孫綽《そんしゃく》だが、唐詩史上は孟浩然《もうこうねん》（六八九～七四〇）である。孟浩然といえば、「春眠　暁を覚えず」（「春暁」詩）の句で有名な唐代を代表する田園詩人である。李白の例の「紅顔　軒冕《けんべん》を棄て／白首　松雲に臥す」（「孟浩然に贈る」詩）からは、彼の高潔な隠士像がしのばれるが、じつは孟浩然の詩集をよく読むと、意外にも官途への強い野心とまたそれへの深い挫折感が少なからず詠まれている。「孟浩然は鹿門山《ろくもんざん》に隠れ、詩を以て自適す。年四十にして京師に来たり遊び、進士《しんし》に応ず」（『旧唐書《くとうじょ》』巻一九〇）とあるように、開元《かいげん》一五年（七二七）冬、長安に赴き進士の試験を受けたが、失敗。その衝撃はそうとうに深かったとみえ、こう詠む。「苦学　三十載／門を閉づ江漢《こうかん》の陰」（「秦中《しんちゅう》、雨に苦しみ帰るを思う」）と。苦学すること三〇年。門を閉め勉学に励んだのに、落第とは。この無惨な結果はとうてい受け入れられず、彼の憤激は容易に鎮まらなかった。続けていう、「躍馬《やくば》　吾が事に非ず／狎鷗《こうおう》　我心に宜《よろ》し／言を寄す　当路者《とうろしゃ》に／去らん　北山《はくざん》の岑《みね》に」と。すなわち馬を駆って手柄を立てるのは、余の望まぬところ。むしろ鷗とともにいるのが、余にはふさわしい。当代の権勢者に申し上げる。古来、隠者は俗世を避けるもの。余もまた隠棲せんと思う。――自分を見限った権勢者への決別宣言だった。

　開元一八年（七三〇）、四二歳頃、孟浩然は洛陽から江南方面をめざし杭州に至る。そのときの詩にはいう、「扁舟《へんしゅう》　湖海に泛《う》かべ／長揖《ちょうしゅう》　公卿を謝す／且《しばら》く楽しまん　杯中の物／誰か論ぜん世上の名」（「洛《らく》自《よ》り越《えつ》に之《ゆ》く」）と。つまり、これから公卿らに別れを告げ、越地方を訪れることにする。虚名なんぞ、聞いてあきれるわ、というのである。孟浩然の失望の深さが思われる。以後、二年半、越地方を遊覧。越は、かの山水詩人謝霊運《しゃれいうん》や謝朓《しゃちょう》などが、その勝景を詩文に表した所である。また天台山に知人の道士太一子《たいいっし》がいたこと、さらには当時、朝廷で天台出身の道士司馬承禎《しばしょうてい》の評判がすこぶる高かったことなどもあって、彼は天台山を訪ねたのだった。かくて孟浩然の鬱屈した思いは、このとき目にした美しい自然のなかでようやく解き放たれるのである。

　孟浩然の天台山への思いは熱かった。二、三紹介しよう。「我に問う　今　何《いず》こに去《ゆ》くと／天台石橋《せききょう》を訪ぬ／坐《そぞ》ろに看る　烟霞《えんか》の晩《くれ》／疑うらくは是れ　赤城《せきじょう》の標《しるし》か」（「舟中、晩望」）。また別の詩にいう、「緬《はる》かに尋ぬ　滄洲《そうしゅう》の趣／近く愛す　赤城《せきじょう》の好きを／……願言《がんげん》す　纓路《えいろ》の解くを／此《これ》従《よ》り煩悩無からんことを」（「天台の桐柏観《とうはくかん》に宿る」）。これからは官吏への思いはさっぱりと捨て、煩悩の起こらぬような日々を願うを詠む。さらに孟浩然の心の高ぶりをよく伝えるのは、次の「越中にて天台の太一子《たいいっし》に逢う」詩である。

上は通ず　青天の高きに　　山の上は　高い青空に通じ
俯《した》は臨む　滄海の大きに　　頂の下は　広い大海に臨み
鶏《にわとり》鳴いて　日出を見　　鶏が鳴く頃には　朝日の昇るのが見える！
毎《つね》に神仙と会う　　神仙と出会うのは　ここでは毎度のことさ
往来す　赤城《せきじょう》の中　　赤城山の中を　行ったり来たり
逍遥す　白雲の外　　白雲の外を　ぶらりぶらり
莓苔《まいたい》　人間《じんかん》に異なり　　苔の様子なんか　俗界の物とは全然違うし
瀑布　空界に当たる　　滝の眺めだって　天界に属するって思える！
福庭《ふくてい》　長らく自《おのづ》から然《しか》り　　ここが仙界なのは　昔から至極当然
華頂《かちょう》　旧《ふる》くより最《さい》を称《たた》う　　なかでも華頂峰は　古くから最高よ
永く願う　之《これ》に従い遊び　　ああ　この地で永遠に遊び
何か当《まさ》に届《いた》る所を済《な》さん　　いつか仙人の夢を実現せん

孟浩然の天台山の作品は、深い人間的な葛藤を通して魂の平安・浄化を希求する精神性を豊かに湛《たた》え、かつての天台山詠にはみられない斬新な境地を拓くものとなったのである。

李白もまた天台山へ――政治の世界への深い失望

天宝《てんぽう》四載（七四五）頃、朝廷追放を宣告された傷心から、李白もまた天台山系の天姥山《てんぼさん》へと赴く。李白にとって、長安の堕落した権貴の世界は、唾棄すべき以外の何物でもなかった。この世に失望した天衣無縫な詩仙は官途を自ら謝絶し、道教の七十二福地《ふくち》の十六福地たる天姥山に赴き、永遠の道理に従わんとする。このとき書かれたのが、「夢に天姥《てんぼ》に游び吟じて留別す」詩である。

――「突然、激しい雷雨が襲い、神秘的ななかで仙境の洞窟の扉が開く」。そこはこの世ならぬ「洞府《どうふ》」の世界だった。なかをのぞいた李白は、たちまちそこが仙界であることを理解する。「五色の光がきらめき、華麗な音楽が奏でられ、立派な車が連なり、そして大勢の仙人・仙女たちが楽しそうに空から下りてくる」。

幻想的な洞府の様子が、比類なき想像力で描かれる。そこは光と響きと軽やかさを特色とするこの世ならぬ世である。たとえれば、安眠中の幸福な夢の飛行にも似る。あるいは、李白の三年間の長安の華やかな宮廷生活に似るというべきか。しかし、李白がこの福地をこれほどのまばゆい聖域として描いたことが、逆に人間世界の闇の深さをくっきり浮かび上がらせることにもなった。李白は末尾の段で夢から覚め、人生は夢のようなものと大悟するのである。

李白は、朝廷追放を機に、それまでの自らの生き方のなかに中途半端なもの、すなわち政治の世界での世俗的な栄達を混在させている自己に深く向きあうこととなり、これを通して深い覚醒に至り、以後は専一に仙界の日々を願うに至る。まさにこれを境に、李白は精神的にいっそう深みのある仙山詩を書くことになるのである。今日《こんにち》、国清寺から山道を登った頂上の華頂峰には、その名も「太白読書堂」という建物が伝えられている。

安史の乱前後の天台山――復古運動の牽引者李華・梁粛らの帰依

天宝末年頃、監察御史《かんさつぎょし》（百官や地方官庁を監督する長官）として活躍した李華《りか》（七一五？～七七四？）なる人物がいる。文学史上、同志とともに古文復興を提唱した先駆者として知られる。折しも安史の乱のなかで捕われて偽官を強要され、乱後は自責の念深く江南に蟄居《ちっきょ》。仏教に救いを求めて大暦《たいれき》年間（七六六～七七九）初めに卒した。注目すべきは、その交友者に天台の道士潘清《はんせい》、釈霊《れい》一《いつ》、韓雲卿《かんうんけい》（韓愈《かんゆ》の叔父）・韓会《かんかい》（韓愈の長兄）、天台中興の高僧湛然《たんねん》などがいたことである。霊一（七二七～七六二）は、揚州《ようしゅう》龍興寺の法慎《ほっしん》の弟子で、同門の弟子には「会稽《かいけい》の曇一《どんいつ》」（宋・賛寧撰『宋高僧伝』巻一四　法慎伝）がいる。この曇一（六九二～七七一）が、「天宝初年、（湛然は）逢掖《ほうえき》（世俗の人の着る衣服の意）を解いて僧籍に登り、遂《つい》に越州《えつしゅう》の曇一律師の法集《ほうしゅう》（集会の意）に往き、広く持《じ》犯《はん》・開制《かいせい》の律範を尋ぬ」（『同』巻六　湛然伝）と記されるように、天台中興の高僧湛然が学んだ師である。また曇一の師の釈法慎《ほっしん》（六六五～七四八）は、「天台の止観《しかん》は、一切の経義を包む」（『同』法慎伝）と考え、その思想は当時の「朝宰《ちょうさい》を感動せし」（同）めたという。湛然は、この曇一を介して師の釈法慎《ほっしん》の天台止観を学んだと考えられる。

李華の「揚州龍興寺経律院和尚碑」（『全唐文新編』巻三二〇）という文章は、この法慎を顕彰した一文である。また李華には、「台州《だいしゅう》の乾元《けんげん》国清寺碑」（『同』巻三一八）もある。これは安史の乱平定後、あらためて国が清らかになったというので、御史中丞《ぎょしちゅうじょう》（官吏を取り締まる役所の次官）の第五《だいご》琦《き》が天子に上奏し、天台山国清寺の名を「改めて乾元国清寺と曰《い》う」ことを記念した碑文である。この李華の師が湛然（七一一～七八二）なのである。湛然こそは天台宗を再び隆盛に導いた人物で、厖大な著作がいまにのこされている。

李華の弟子たる梁粛《りょうしゅく》（七五三～七九三）は、李華よりさらに積極的な天台山顕彰を行ったことで知られる。たとえば自ら「天台湛然大師、其の道を中興す」（「天台法門議」『全唐文新編』巻五一八）、「天台湛然大師、法輪を其の間に転じ、天台の道を尊び、以て後学を導く」（「常州建安寺止観院記」『同』巻五一九）などと述べる。梁粛は李華の古文運動とともに天台宗への支援の面でも、師の立場を発展的に継承していった。もともと天台宗は、教典中心主義の学術的仏教色が濃かったから、文人官僚らにとってはそのアカデミズムは受け入れやすかったのであろう。かくてこの時期、湛然の登場により天台山は、道教から再び仏教の山へと急速に変貌していく。

中晩唐期の天台山――日本との関わり

梁粛を継いだのが、かの韓愈《かんゆ》・柳宗元《りゅうそうげん》らだった。この頃に至ると、天台宗などの仏教は官僚・詩人らにとって深い精神的慰藉を与えるものとして認識されるようになる。たとえば賈島《かとう》の幾編かの天台山詩、白居易《はくきょい》の「沃州《よくしゅう》山禅院記」などにみられるように、天台山は中唐の官僚・詩人らにとってきわめて高名な仏教の聖地として浸透していく。このことは、彼らにとって人生の大切な価値とは政治の世界だけでなく、精神的な深い慰藉を求めることもまた重要な課題となってきたことを意味する。すなわちこの時期、思想の多様化、個性の尊重がそれほどに進んだのであり、それゆえにまた仏教は排斥されるべきという政争の火種ともなっていく。

ところで、天台山に関わる最古の詩歌アンソロジーで、きわめて重要なのが『天台集』である。南宋初年、李庚《りこう》編、台州知事李兼《りけん》が、嘉定《かてい》元年（一二〇八）五月に刊行。その後林表民《りんひょうみん》が遺漏分を集めて、淳祐《じゅんゆう》一〇年（一二五〇）に完成した。それをひもとくと、計一五〇〇余首（三分の二が天台山に関わる詩篇、そのほかは台州に関するもの）あり、作者数は一一六人で、内訳は、両晋・南北朝が一一人、唐および五代が一一五人である。たとえば中晩唐期では、劉長卿《りゅうちょうけい》・常建《じょうけん》・孟郊《もうこう》・顧況《こきょう》・劉禹錫《りゅううしゃく》・白居易・賈島・許渾《きょこん》・李郢《りえい》・方干《ほうかん》・皮日休《ひじつきゅう》・陸亀蒙《りくきもう》・寒山《かんざん》・拾得《じっとく》・霊一・霊澈《れいてつ》・貫休《かんきゅう》などの詩がずらりと並ぶ。唐朝を通して人々の関心が高かったことが知られる。

さて湛然の教えは、弟子道邃《どうすい》・行満《ぎょうまん》らに受け継がれる。貞元《ていげん》二〇年（八〇四）、このような時代に、わが最澄は入唐し国清寺を訪ねている。鑑真がもたらしたお経（天台三大部など）を読んで、さらにその理解を深めるためである。そのとき、寺にいた行満大師は最澄を見て、この方こそ智者大師のいわれた方だと悟ったといわれる。八〇六年、最澄帰国。すなわち天台宗伝来の最初である。八三八年には、円仁《えんにん》（七九四〜八六四）が第一七次遣唐使船（最後の遣唐使）で入唐。天台山をめざすも入山を認められず、やむなく五台山へ。そして八五四年、帰国。第三代天台座主になっている。会昌《かいしょう》四年（八四四）、日本の天台僧恵蕚《えがく》が『白氏文集』を筆写したのは、このような天台山の隆盛の余韻がのこっていた時期だったのである。

今日、国清寺を訪ねてみると、智者大師・行満大師と最澄を記念する石碑三基が建てられている。これは一九八二年、日本の第二五三代天台座主山田恵諦師ら一四〇名が訪問し、奉献したものである。またわが国立国会図書館には、唐の道士・徐霊府《じょれいふ》著『天台山記』という平安時代後期の写本一冊（重要文化財）が伝わる（詳しくは薄井俊二氏の研究に譲る）。このように天台山は、古来、日本人にとっても魂を惹きつけてやまない聖地なのである。

科挙の落第という挫折を契機に、魂の平安を希求した孟浩然により豊かに拓かれた天台山の唐詩は、その後、李白らに受け継がれていく。中唐期になると、政治の刷新を願う文人官僚らにより、今度はアカデミズム仏教の牙城たる天台山という形で結びつき、人々の厚い信仰を得ながら発展していった。以後、かつての隆盛は失われるものの、かの山の仏教・道教信仰は現代に至るまで脈々として継承されていく。――いつの世であれ天台山に詣でる者は、それまでの世俗での雑念の多すぎた日々を悔悟洗心し、大《おお》いなる道理の分身となる新たな生まれ変わりを経験するのである。

コラム　中国聖地・五岳の変遷

藤田勝久

中国で信仰の対象となる聖地に、五岳《ごがく》（五嶽）がある。現在の五岳は、山東省の泰山《たいざん》（東岳）と、陝《せん》西《せい》省の華山《かざん》（西岳）、河南省の嵩山《すうざん》（中岳）、山西《さんせい》省の恒山《こうざん》（北岳）、湖南省の衡山《こうざん》（南岳）である。なかでも泰山（標高一五四五メートル）は、中国第一の名山といわれ、いまも多くの人々が参詣に訪れている。

泰山の祭祀で有名なのは、秦の始皇帝で、ここで天子が行う封禅《ほうぜん》の儀式をしたという。封禅とは、泰山で天を祀り、ふもとの梁父《りょうほ》で地を祀る儀式を行うものであるが、そこには不老不死を願う呪術的な要素があったといわれる。

封禅の儀礼は、司馬遷と同時代の漢武帝《ぶてい》（前一四一〜八七在位）のときにも行われたが、やはり方士たちの意見を聞いている。だから始皇帝や漢武帝の泰山巡行は、宗教的な要素をもっているが、広く庶民に及ぶものではなかった（藤田勝久『司馬遷の旅』中公新書、二〇〇三年）。

その後は、皇帝の封禅のほかに、東嶽大帝《とうがくたいてい》という泰山の神が祀られた。また北宋時代（一〇〇八年）に真宗が封禅したときに発見された像を安置して、道教の碧霞元君《へきかげんくん》の廟を創建し、ここから明《みん》代にその信仰が盛んになったといわれる。中国で、庶民の旅行記が多くなるのは、ちょうど明清《みんしん》時代のことである。

そして毎年正月から四月には、人々が大挙して押し寄せ、眼病の治癒、子授けなどを願った。これが現代まで続いて信仰の対象となっている（金子修一『古代中国と皇帝祭祀』汲古書院　二〇〇一年、シャヴァンヌ／菊池章太訳『泰山――中国人の信仰

──』勉誠出版　二〇〇一年）。

＊

ところが五岳では、この泰山と嵩山、華山をのぞいて、のこりの二山は時代によって変遷がある。たとえば始皇帝は、南方では会稽山《かいけいさん》（浙江《せっこう》省紹興市）と湘山《しょうざん》（湖南省岳陽市）に巡行した。また司馬遷も随行した武帝の巡行では、南方の天柱《てんちゅう》山（安徽《あんき》省潜山《せんざん》県）と、北方の恒山（山西省）を訪れた。だから現在のようになったのはのちのことであるし、漢代の恒山はいまとは別の山も想定されている。

後漢時代（二五〜二二〇）以降になると、仏教や道教の影響をうけて、五岳のほかに天台山《てんだいさん》や五台山《ごだいさん》、安徽省の黄山《こうざん》などが聖地として信仰の対象となっている。

たとえば南方では、会稽山の南にある天台山と、黄山（標高一八四一メートル）が、仏教と道教の聖地として有名になる。これは北方でも、西晋《せいしん》時代（二六五〜三一六）より以降に、五台山（標高三〇五八メートル）が聖地になるのとよく似ている。しかし黄河流域を中心としてみれば、宗教による違いもあるだろうが、名山はより高く、より遠くという傾向になっているようである。

このように、中国の五岳は時代によって変化しており、名山も別の場所にうつっている。こうしたなかで、庶民の旅が広がってゆくのである。だから聖地の巡礼を理解するためにも、歴史地理の知識が必要となる。

最近の日本では、各地で市町村の合併が盛んである。なかには世界に羽ばたく新しい名前を考案している所もあるらしい。しかし由緒のある地名を変えることは、昔の地名が消えるだけではなく、そこにある古い伝えや、独自の伝統もわからなくなる。せめて一部の地名をのこして、地元の文化を大切に伝えてほしいと思う。

成尋の天台山・五台山巡礼

高橋弘臣

『参天台五台山記』とは

日本の天台宗の僧侶である成尋《じょうじん》は一〇七二年（日本延久《えんきゅう》四年、宋熙寧《きねい》五年）、七名の僧侶とともに北宋《ほくそう》時代（九六〇～一一二七）の中国へ渡り、天台山《てんだいさん》・五台山《ごだいさん》へ巡礼に赴いた。その際の見聞を日記形式で綴った書物が『参天台五台山記《さんてんだいごだいさんき》』である。『参天台五台山記』は、唐《とう》代（六一八～九〇七）の中国に渡った円仁《えんにん》の『入唐求法巡礼行記《にっとうぐほうじゅんれいこうき》』と並び称される、日本僧侶の代表的な中国旅行記である。

『参天台五台山記』の記述は、淡々としながらも非常に詳細かつ正確であり、仏教史はもとより、日中交渉史・交通史・社会経済史、さらには風俗や宮廷の様子などに関する、当時の中国側史料にはみられない、貴重で重要な記事を数多く提供してくれる。本章では成尋の経歴を簡単に紹介したあと、『参天台五台山記』に依拠しつつ、彼が天台山・五台山を巡礼した際の足跡をたどってみたい。また成尋を受け入れた宋朝の態度などについても、併せて述べることとする。

成尋の生い立ち

成尋は寛弘《かんこう》八年（一〇一一）に生まれた。父方は藤原氏で、祖父は陸奥守などをつとめた実方《さねかた》、父は貞叙《さだのぶ》である。母方は源氏で、母の名は未詳だが、祖父は源高明《たかあきら》、父は権大納言俊賢《としかた》と伝えられる。ちなみに母は教養のある女性で、中国へ渡る成尋との別離の悲しみを綴った『成尋阿闍梨母《じょうじんあじゃりのはは》の集《しゅう》』という書物を著した。『成尋阿闍梨母集』は平安時代の女流日記文学のなかで確たる地位を占めており、その文学的価値は高く評価されている。成尋は七歳のときに京都岩倉の大雲寺《だいうんじ》に入り、文慶《ぶんけい》を師とした。文慶は三条《さんじょう》天皇の護持僧をつとめた名僧であり、成尋は文慶から伝法血脈を受けた。

その後、成尋は長久《ちょうきゅう》四年（一〇四三）、三三歳のときに大雲寺別当となり、天喜《てんぎ》二年（一〇五四）には天台宗や真言宗で最高の僧位である阿闍梨《あじゃり》に補任《ぶにん》された。当時の関白は藤原頼通《よりみち》であり、頼通は宇治の別荘に仏像を安置して寺院とし、平等院と名づけ、阿闍梨を置いて法行を行わせていた。成尋もそうした阿闍梨の一人として、約二〇年にわたって頼通の護持僧をつとめたのである。

治暦《ちりゃく》四年（一〇六八）、後冷泉《ごれいぜい》天皇の崩御と同時に頼通が関白を辞任したため、成尋も関白の護持僧を罷めた。そしてこの頃から中国へ渡って五台山に詣でようという考えを本格的に抱き始めたとみられ、延久二年（一〇七〇）には後三条《ごさんじょう》天皇に対し、中国へ渡航して五台山へ参拝することの許可を求める申し文を提出している。

五台山信仰と中国渡航の目的

五台山は山西省《さんせい》東北部の代州《だいしゅう》にあり、もっとも高い場所は海抜三〇〇〇メートルを超える。五つの峰があり、それらの表面は高い樹木がなく、一面の草で覆われており、盛り土の台のように見えるところから五台山と称された。その一帯は気候が非常に寒冷で、夏でも時として雪が舞うことから、清涼山とも呼ばれている。

五台山は西晋《せいしん》（二六五〜三一六）末期、神仙道の霊場として開かれた。その後東晋《とうしん》時代（三一七〜四二〇）に、『華厳経《けごんきょう》』という教典がインドから中国へ持ち込まれて翻訳されたが、そのなかに「北方に文殊《もんじゅ》菩薩の住所あり、清涼山と名づく」との記述があり、清涼山を中国の現実の山と結びつけて解釈しようという気運が生じてきた。五台山は中国の北方にあり、清涼山とも呼ばれていたこと、山中にたちこめる独特の霊気などもあったことなどから、文殊菩薩が住むと信じられるようになり、多数の仏教寺院が建設されるに至った。遅くとも北魏《ほくぎ》（三八六〜五三四）の末頃には、五台山における文殊信仰が成立していたと考えられている。また唐の高宗《こうそう》の時代（六四九〜六八三）には、インドから五台山へ巡礼に来た僧侶仏陀波利《ぶつだばり》が文殊の化身に出会い、その命を受けてインドに戻り、『仏頂尊勝陀羅尼経《ぶっちょうそんしょうだらにきょう》』という教典を携えて再び五台山へ赴いたとの伝説が広まったこともあり、以後僧侶の巡礼が盛んになった。

五台山の文殊信仰は早くから日本にも伝えられ、唐代に中国へ渡った僧の多くは五台山に詣でている。しかしこれらの僧が中国へ赴いた主たる目的は、五台山巡礼ではなく、求法留学、すなわち中国仏教について学びかつ研究するためで、巡礼は副次的な目的であった。ところが北宋時代に至り、日本の僧侶は求法よりも五台山巡礼をおもな目的として中国へ渡るようになる。そうした僧侶の一人が成尋である。

僧侶の中国渡航の目的が変化した原因としては、①日本仏教の教理学が発達するのと相反して、中国仏教は唐末～五代十国《ごだいじっこく》時代（九〇七～九七九）の戦乱により仏典などが散逸したこともあり、その教理学は停滞し、学ぶべきものがあまりなくなっていたこと、②当時日本では末法思想が流行しており、僧侶のあいだには文殊菩薩が住む五台山を巡礼することで、文殊菩薩の慈悲によって自らの罪業を消滅させ、来世は阿弥陀仏の住む浄土に往生しようとの願望が広まっていたこと、などがあげられる。

成尋の足跡

成尋は当初宋の貿易船に便乗して中国へ渡ろうと考え、天皇に渡航の許可を求める申し文を提出した。ところが僧侶としての成尋に対する評価が高かったため、天皇や貴族は成尋を手放したがらず、申し文を裁可しようとしなかった。そこで成尋は大胆にも密航を決意し、延久四年（宋熙寧五年、一〇七二）三月一九日、同行の僧侶七名（弟子の頼縁《らいえん》・聖秀《せいしゅう》・惟観《ゆいかん》・心賢《しんけん》・善久《ぜんきゅう》・長命《ちょうめい》・快宗《かいそう》）とともに、肥前《ひぜん》国（現在の佐賀県）松浦郡壁島《かべしま》から、宋の貿易商人が手配する貿易船に密かに乗り込み、中国へ渡航したのである。以下、『参天台五台山記』に依拠しながら、中国における成尋の足跡を年表形式で簡単にまとめておこう。

足跡㈠——杭州到着〜天台山への巡礼

成尋一行は航海の途中船酔いに苦しめられ、また曇り空が続いて星が見えないため、方角もわからず、ただ風に任せて船を走らせるなどということもあったが、四月一三日、杭州《こうしゅう》府に到着し、五月三日まで滞在した。杭州に到着するや、成尋はただちに府の役所に出向き、天台山巡礼の許可を申請した。成尋一行が密航者であったにもかかわらず、役所側の対応は好意的で、簡単に通行許可書（公移《こうい》）を発行している。

杭州滞在中、成尋一行は天台山巡礼の手続きをするだけでなく、市街を散策したり、興教寺《こうきょうじ》などの名刹に参詣したりして過ごした。大運河の起点に位置する杭州は物資の一大集散地であり、江南における経済の中心地であった。成尋一行はそうした杭州の繁栄に驚いたようで、市の賑わいや見せ物小屋で行われる大道芸の様子を「荘厳」「甚妙」などと興味深げに記している。

五月四日、成尋一行は天台宗の総本山天台山をめざして杭州を出発し、一三日、天台山国清寺《こくせいじ》に到着した。天台宗の僧侶である成尋にとって、天台山はあこがれの地であり、「感涙抑え難し」と述べている。成尋一行は八月五日まで天台山に滞在し、その間、国清寺をはじめとする諸寺や華頂《かちょう》山《さん》・石橋《せききょう》などの霊場を巡礼し、講会《こうえ》などにも参加した。また成尋は天台山滞在中、台州《だいしゅう》（現在の浙《せっ》江《こう》省臨海《りんかい》県）の役所に赴き、五台山巡礼の許可を求める奉表《ほうひょう》を朝廷に奏上してもらっている。奉表に対する回答はすぐに届き、朝廷は五台山巡礼を許可するだけでなく、都の開封《かいほう》で皇帝（神宗《しんそう》）が成尋一向に謁見するとまでいってきたのである。かくて成尋一行は天台山を後にし、開封へ向かうことになる。

足跡㈡――開封へ

八月六日、成尋一行は天台山を出発、杭州を経由して大運河を航行し、一〇月一三日、開封に到着した。開封への旅に際しては、旅費として宋朝から多額の銭が支給されたほか、荷物を担ぐ人夫の雇い賃の支払いや、運河を航行する船の手配などもすべて宋朝が行っている。なお大運河は隋《ずい》の時代（五八一～六一七）に建設され、杭州といまの北京を結ぶ、南北交通の大動脈であった。当時の運河には水位を調節するための水門（閘《こう》）や、水位の異なる部分に緩やかな傾斜面を設け、縄を用いて船を運びあげ、あるいは滑り落とす堰《えん》などが設置されていたが、成尋にとってこうしたシステムは驚きであったらしく、その様子を細かく書き記している。また運河に沿った地域の風物にも興味をもったようで、たとえば葬式の様子やさまざまな動物――象・驢馬・鸚鵡など――について、時としてかなり詳細な記述をのこしている。

開封における成尋一行の宿泊所（太平興国寺伝法院《たいへいこうこくじでんぼういん》）は宋朝が手配しており、滞在中の生活費も宋朝が支給していたと考えられる。一〇月一五日には神宗の使者が成尋のもとを訪れ、日本の様子について書面で質問をした。その内容は日本の風俗・人口・姓・中国からの距離・官僚制度・気

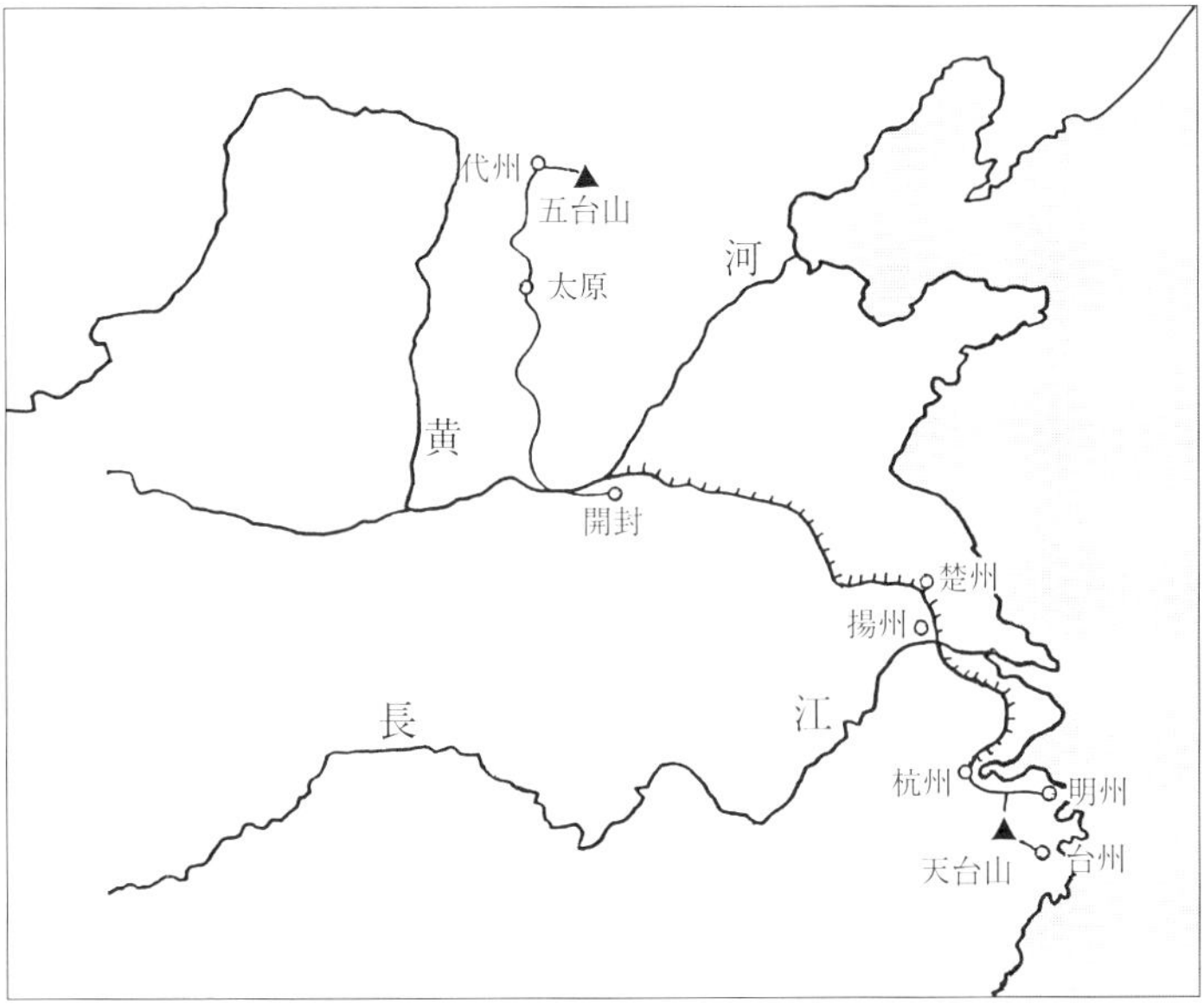

図1　成尋旅行行程図

候・物産・生息する動物など、一〇項目以上に及んでおり、成尋は逐一具体的な数値をあげながら返答をしたためている。二二日、成尋一行は宮中に招かれた。すなわち官人の先導で宮城の第一・第二・第三の門、さらに東華門を通り、そこから皇帝の居る延和殿に行き、神宗に謁見したのである。そして神宗の面前において五台山巡礼を許可されるとともに、袈裟などを賜り、成尋は「過分の事なり」「是の事希有なり」などと感激している。

足跡㊂——五台山巡礼

一一月一日、成尋一行は五台山へ向け開封を出発し、厳寒のなか、現在の山西省を北上していった。五台山往復の旅費も宋朝が負担しただけでなく、護衛の兵士も付き添っており、一行は全体で五〇人を超える大所帯となっていた。なお途中の州県では、地方官がたびたび一行のために斎（食事）を設け、もてなしている。成尋たちは二八日、五台山に到着したが、この日、五色の雲が出現し、以後成尋は宋朝側から不可思議な神通力をもつ僧侶とみられるようになる。成尋一行は二九日〜二月一日にかけて、大花厳寺《だいけごんじ》（現在の顕通寺《けんつうじ》）をはじめとする寺院・霊場を精力的に参拝してまわっている。

足跡㈣――再び開封へ

一二月二日、成尋一行はあわただしく五台山を出発し、一二六日開封に到着した。明けて熙寧六年（日本延久五年、一〇七三）正月一五日は上元節《じょうげんせつ》であり、この前後開封はおおいに賑わうが、成尋たちはそうした開封城内の賑わいを見物することを特別に許可された。

さて成尋に同行した僧侶たちは、かねてより日本に帰りたいとの願望を抱いていた。そこで成尋は彼らを帰国させ、自らは中国にのこり、天台山・五台山でしばらくのあいだ修行したあと、日本へ帰るつもりであった。そこで成尋は僧侶たちが帰国するに際し、明州《めいしゅう》（現在の浙江省寧波《にんぽう》）までの通行許可書（公憑《こうひょう》）を発給してほしい、明州で僧侶たちが無事船に乗れるよう手配してもらいたいなどの要望をまとめた申し文を作成し、奏上した。また成尋は開封において、帰国する僧侶に託そうと、経典の購入（顕聖寺《けんせいじ》の新訳経《しんやくきょう》など）や書写につとめている。

ところがこうして同行僧侶の帰国準備が進むなか、三月一日、宮中からの使者が成尋のもとを訪れ、正月・二月と雨が降らず、このままでは農作物の収穫もおぼつかなくなるとして、宮中で祈雨（雨乞い）の法を修めるよう依頼した。このため成尋は二日から祈雨の法を行じたところ、龍が天に昇る夢を見た後、四日～六日までほんとうに大雨が降った。奇跡というほかはなく、神宗をはじめ周囲の人々は皆驚嘆した。成尋の徳の高さを目の当たりにした神宗は、成尋に対し大師の号を授けるとともに、中国にのこって自分に仕えるよう求めた。成尋もそれまでの神宗の恩顧に報いるため、中国への残留を決意したのである。

足跡㊄――『参天台五台山記』の完成と同行僧侶との別れ

成尋一行は四月二日、朝見のため参内した。これは神宗に謁見し、お別れの挨拶を述べるためであったと想像される。そして四月一四日、日本へ帰る僧侶たちを見送るため、成尋は彼らとともに開封を出発し、五月二〇日に杭州、六月八日には明州に到着した。なおこのときの旅費も宋朝が負担している。成尋は明州で中国巡礼の報告書とでもいうべき『参天台五台山記』を完成させ、神宗から賜り預かっていた直筆の文書および物品、すなわち日本の天皇に渡す神宗の挨拶状および献納品とともに帰国する僧侶たちに託した。『参天台五台山記』の記述はここで終わっている。この後成尋は天台山・五台山で修行した後、開封へ戻り、元豊《げんぽう》四年（日本永保《えいほう》元年、一〇八一）、その地で没したといわれる。

宋朝の対応

さて、成尋一行を受け入れた宋朝は、彼らをいったいどのように認識していたのであろうか。注目すべきは、宋朝が彼らを単なる巡礼僧侶ではなく、事実上の朝貢《ちょうこう》使節とみなしていたと考えられる点である。たとえば開封で成尋一行が朝見に赴くのに先立ち、客省《きゃくしょう》という役所の官が彼らを訪れ、朝見は「蕃夷朝貢条貫《ばんいちょうこうじょうかん》」に基づいて行われることを通達している。そもそもこの客省とは外国使節からの献納品を受納したり、使節をもてなしたりすることを職務とする官庁であった。また『宋会要輯稿《そうかいようしゅうこう》』という宋側の史料をみると、成尋一行は朝貢使節の項目に分類されているのである。

宋朝と日本は正式な国交を結んでおらず、それゆえ宋朝が時折訪れる日本僧侶を事実上の朝貢使節とみなしたのも無理からぬことであろう。とくに成尋が渡航した神宗時代は対外的な積極策がとられた時期であり、たとえば宋朝は高麗《こうらい》に対して使者を派遣し、国交通商を再開させている。また日本に対しても、商人に牒状《ちょうじょう》（挨拶状）を持たせて派遣し、入貢を促しているのである。宋朝は当時第一級の知識人であり、しかも朝廷にも近い立場にあった成尋一行から日本に関する情報を聞き出すとともに、厚遇する見返りとして日本朝廷が正式の朝貢使節を派遣し、宋と正式な外交を結ぶことを望んでいたと考えられる。

ちなみに宋朝が外国から来た僧侶を事実上の朝貢使節とみなし、客人として厚遇することは、成尋一行に対してのみ行われたのではなかった。成尋以外の日本僧侶についてみると、太平興国《たいへいこうこく》八年（日本永観《えいかん》元年、九八三）、奝然《ちょうねん》が入宋したが、宋朝は奝然の天台山・五台山への巡礼を許可し、宣旨を下して通行許可書や旅費などを支給し、旅が円滑になるよう配慮した。また開封において、皇帝（太宗《たいそう》）が奝然を謁見し、日本の風土や五穀・動物などについて質問をしている。さらに奝然が帰国するにあたっては、大蔵経《だいぞうきょう》・新訳経などを下賜しているのである。奝然に対する宋朝の処遇は、成尋に対する処遇とよく似ている。咸平《かんぺい》六年（日本長保《ちょうほう》五年、一〇〇三）に入宋した寂照《じゃくしょう》に対しても、皇帝（真宗《しんそう》）が謁見して日本の神道や日本に流布する書籍などについて質問し、天台山への巡礼を許可した上で、旅費を宋朝が負担するよう命を下している。

日本の僧侶以外にも、たとえば熙寧五年、天竺《てんじく》から開封へやって来た僧侶が、成尋たちと同じく伝法院を宿舎に指定され、五台山巡礼を許可されただけでなく、五台山へ向かうにあたっては使臣が付き添い、途中旅費などを支給されるというケースがみられる。これなども、宋朝が外国の僧侶を事実上の朝貢使節と認識し、厚遇した一つの事例であろう。ただ、成尋は自分が朝貢使節として扱われていることを十分理解していなかったようで、宋朝側の厚遇に対し「朝恩不可思議」「皇帝の広恩まことに不可思議」などといった言葉を連発している。宋朝・成尋双方の認識にはズレのあったことがうかがえて興味深い。

『参天台五台山記』をめぐる今後の課題

冒頭においても述べたように、『参天台五台山記』は当時の中国側史料にはみられない貴重な記述が多く掲載されている。近年『参天台五台山記』研究は活況を呈しているが、今後もその史料としての活用方法をよりいっそう工夫していかなければならないであろう。また『参天台五台山記』と、中国に渡航した他の僧侶の日記、たとえば円仁の『入唐求法巡礼行記』とを本格的に比較してみることも興味深い作業である。比較を通じて唐朝と宋朝の外国僧侶に対する待遇の差異、ひいては両王朝の外交政策の相違点なども浮かび上がってくるのではないかと思われる。

さらに宋朝は外国使節をランク付け（蕃望《ばんぼう》と称する）しており、それによれば日本は最下位に置かれていた。宋朝は外国の僧侶を事実上の朝貢使節とみなしていたが、はたして外国僧侶に対する待遇に、このような蕃望が反映していたのかどうかという点についても検討を加える余地があろう。如上の課題については別の機会に検討してみたい。

コラム　法顕と玄奘のインド行

若江賢三

法顕《ほっけん》は、生没年不明である。東晋《とうしん》の隆安《りゅうあん》三年（三九九）、六十余歳のとき、戒律に関する仏典を求めて数人の同志とともに長安を出発し、西域諸国を経てヒマラヤを越え、北天竺《てんじく》に入り、仏跡を巡拝し、セイロンを経て、海路により、義熙《ぎき》八年（四一二）帰国した。このときの記録が『仏国記《ぶっこくき》（法顕伝）』である。中国人僧侶のインド巡行の記録としてはこれが最初のものである。多くのサンスクリット本の仏典を得、初期の目的を達し、将来した仏典を訳出し、八二歳の生涯を終えた。

一方、玄奘《げんじょう》（六〇二～六六四）は、法顕に後れること二世紀余、唐の貞観《ていかん》元年（六二七）（貞観三年説もあり）、二六歳の若さで、国禁を破ってインドへ出発し、一七年の歳月を費やし、経典六五〇部余りを長安へ持ち帰った。彼の旅行記は、彼の晩年、弁機《べんき》の助けを得て、『西域記《さいいきき》』としてのこされた。長安で大部の翻訳をなし、クマーラ・ジーバ（鳩摩羅什）の旧訳に対して、新訳仏典として、後世の仏教研究に多くの便益をもたらした。

さて、法顕伝をみると、法顕の旅は悲壮感に満ちている。たとえば、有名な冒頭部の一節に次のようにある。「沙河《さか》中、多く悪風熱風あり。遇《あ》えば則ち皆死し、一も全うするものなし。上は飛鳥なく、下は走獣なし。辺望し目を極め、処を度《わた》るものを欲求するも、擬するところを知るなし。唯だ死人の枯れたる骨を以て標識と為すのみ」。

これに比べると、玄奘の『西域記』はずいぶん様子が違っている。国禁を犯しての旅であったために、当初は心細い旅であったことは確かであるが、熱心な仏教徒であった高昌《こうしょう》国王との出会いがあり、ここに六〇日余り滞在した（その王との約束を果たすため、玄奘は帰途もこの高昌国を通ることになる）。以後、玄奘は概して行く先々で歓待をうけ、多くの僧侶たちとの交流もあった。時に唐は東方の大国であり、唐から来た僧侶ということで、その恩恵をうけたと思われる。玄奘は仏跡と仏典を尋ねめぐり、そして、ときにその地に滞在して、求められて仏典の講義をすることもあった。六〇を超えてインドを訪ねた法顕と比べると、若くて語学の才能にも恵まれていた玄奘は、自信をもってインドの人々と交流した。

その玄奘の目に映じた仏教国インドは、すでに隆盛期を過ぎ、衰退期に向かっていた。したがって、ひたすら聖地インドに畏敬の念をもち続けた法顕の場合とは、隔世の感がある。五世紀初めの中国は政治的にも安定しておらず、インドの方がまさに「中国」であった。しかし、二世紀後には、インドは政治的にも仏教の隆盛度においても、あきらかに陰りをみせていた。

モンゴル時代の巡礼旅行者たち

矢澤知行

モンゴル時代

ユーラシア大陸には、西はハンガリーから東は中国北方まで帯状の草原が延々と続いている。いまから八〇〇年前、その草原の東端あたりで、にわかに歴史の表舞台に躍り出た人物があった。チンギス・カンその人である。彼は、遊牧の民を糾合して大《イエケ》モンゴル国《ウルス》を打ち立て、商業や農業などをなりわいとする周囲のさまざまな民を巻き込みながら、その版図を広げた。そして、孫にあたるクビライの代までに、モンゴルは史上空前絶後の領域をもつユーラシア国家へと成長をとげた。広大な大陸とそれを取り巻く海洋には交通路が網の目のように張りめぐらされ、ヒトやモノが活発に行き交う時代が到来したのである。

「モンゴルの平和《パクス・モンゴリカ》」とも称されるこの時代状況のもと、多くの旅行者たちが東から西へ、西から東へと歩を進めた。ラクダを連ねた隊商《キャラバン》に加わって灼熱の砂漠を横切る者もいれば、青波を切って疾駆する帆船《ジャンク》に乗り込む者もいた。また、ユーラシア各地の特産品の交易にいそしむ者もいれば、王侯の親書を託されて早馬を乗り継ぐ使臣《イルチ》もいた。そして、旅人たちのなかには、宗教的情熱を強く胸に抱いて各々の聖地をめざす巡礼者たちの姿も数多く見られた。

マルコ・ポーロの巡礼

一三〜一四世紀モンゴル時代のユーラシア世界を旅した人物として、もっとも名がよく知られているのはマルコ・ポーロであろう。ヴェネツィアの商家に生まれ、父や叔父とともにモンゴルを訪れたマルコの旅の目的は、遠隔地交易を行うことであった。ただ、マルコ一行は、モンゴルに向かう途上で、一度だけ聖地イェルサレムを訪れている。『東方見聞録』によれば、この巡礼の背景には次のような事情があった。マルコの父や叔父がかつてモンゴルに滞在していたときに、キリスト墓前のランプの聖油をもらい受けるよう皇帝《大カアン》クビライから頼まれ、それに応えるために聖地を訪れたというものである。クビライがなぜ聖油の入手を頼んだかという点については、その母后がキリスト教の信者だったため、との説明がなされている。後述するように、当時のユーラシア東部ではネストリウス派キリスト教が多くの信者を集めており、モンゴルの王族のなかにもこれを熱心に奉ずる者がいたのである。

聖油を得たマルコらは、パミール高原やゴビ砂漠を越えて旅を続け、約三年ののち、モンゴルの夏の都にあたる上都《じょうと》にたどりついた。さっそく宮廷に召されて、キリスト墓前の聖油を献上すると、クビライはおおいに喜んでこれを特別に珍重し、その後、マルコはクビライに寵愛されて大都《だいと》

（現在の北京）の宮廷への出仕が始まったという。

バール・サウマの西方巡礼

マルコ・ポーロがクビライの宮廷に到着した数年後、逆に大都を出発して西方へと向かう巡礼旅行者がいた。バール・サウマという名のウイグル人景教《けいきょう》僧である。景教とは、東方キリスト教の一派であるネストリウス派をさす。サウマは、大都近郊で修行生活を営んでいたが、あるとき、弟子のマルコスを伴って聖地イェルサレムへの巡礼に出発することを決意した。それを聞いた大都城下の景教信徒たちは、遠路の艱苦《かんく》を考えて思いとどまらせようとしたが、二人の決意が固いと知って、旅の平安を祈りつつ見送った。また、景教を奉ずるモンゴル王族たちも餞別として彼らに馬や旅費、衣類などを与えた。サウマらは、西方へ向かう隊商に加わり、コータン、カシュガル、サマルカンドといった地を経ながら旅を続けた。その間、盗賊に遭って身ぐるみ剝がされるなどの苦難に見舞われたが、現地の景教寺院の僧侶たちに助けられて旅を続けることができたという。そして二人はついにバグダードに到達した。当時、バグダードには景教の総本山が置かれており、サウマらは総主教《カトリコス》マール・デンハに面会したのち、この地のモンゴル君主でクビライの甥にあたるアバカ・カンにも拝謁を許された。

サウマらは、さらに聖地イェルサレムをめざして旅を続けた。ところが、この頃イェルサレムとその周辺は、エジプトのカイロに都を置くマムルーク朝とモンゴルとの係争地にあたり、情勢が不安定だったため、バグダードから陸路で聖地に向かうことは困難だった。そこで二人は、北方のキリスト教国アルメニアを経由して、地中海側からイェルサレムをめざそうとした。だが、頼るべきアルメニアはすでに滅びており、さらにグルジアまで北行して黒海沿岸の港から船で地中海に出ようと計画したが叶わず、結局、聖地巡礼をあきらめて、バグダードへ引き返すことになった。

その後、弟子のマルコスは周囲からバグダードの総主教《カトリコス》の地位に推され、サウマの助言もあってマール・ヤバラッハー三世として即位した。しかし、モンゴル君主がアバカからテグデルに代替わりして急速にイスラーム化が進むと、景教に対する圧迫が強まり、サウマとヤバラッハーも一時監禁の憂き目にあった。

バール・サウマ、ローマへ

だが、そこからがサウマの旅の真骨頂である。テグデルの後を継いで、宗教面に寛容な新君主《カン》のアルグンが即位し、景教が以前の地位を取り戻すと、サウマは、アルグンの特使としてさらに西方へ向かう機会を与えられたのである。イェルサレム巡礼を断念したサウマの次なる目的地は、カトリックの総本山ローマであった。サウマはまず、東ローマ帝国《ビザンツ》の都コンスタンティノープルに向かい、そこで皇帝アンドロニコス二世の歓待を受けた。さらに二か月余りをかけて地中海を横断し、ナポリに上陸、そしてついに陸路ローマにたどりついた。

特使サウマがローマに足を踏み入れたとき、折悪しく教皇ホノリウス四世の死去直後で、教皇の位は空いていた。このため、サウマを出迎えたのは、ときの枢機卿たちだった。カトリックの教義を揺るぎなきものと確信する枢機卿たちの目に、遠路はるばる東方世界から訪れたサウマはどのように映ったのだろうか。好奇の対象としてか、あるいは訝しい東方教会の僧侶としてか。枢機卿たちはサウマに対し、東方の事情やネストリウスの教義について次々と問いかけ、それに対してサウマは動じることなく答えた。彼らのなかには、カトリックとネストリウス派の教義の違いを衝いて論争を挑もうとする者もあったが、これに対してサウマは、ときには巧みに矛先を躱《かわ》し、ときにはその学識を披瀝して相手を感服させたといわれる。

その後、サウマは、ジェノヴァからアルプスを越えてフランス平原に入り、パリでフランス王フィリップ四世に謁見し、さらに当時ボルドーに滞在していたイギリス王エドワード一世にも拝謁を許された。そして再びローマに戻り、あらたに選出された教皇ニコラウス四世と面会して、アルグン・カンの国書や、マール・ヤバラッハー三世からの親書などを手交し、ようやくここに特使としての任務を全うしたのである。なお、このとき、サウマはローマ教皇に西ヨーロッパのキリスト教徒とモンゴルとの提携を説き、のちにモンテ・コルヴィノがモンゴルの大都に派遣される契機をつくったともいわれる。

サウマは、ローマ教皇から賜ったさまざまな贈り物を携え、往路と同じ道をたどってアルグン・カンのもとへ戻った。その後、マラガの地に一大景教寺院を建てたが、落成の翌年（一二九四年）、バグダードで没したといわれる。大都を出立してから、およそ二〇年目のことであった。

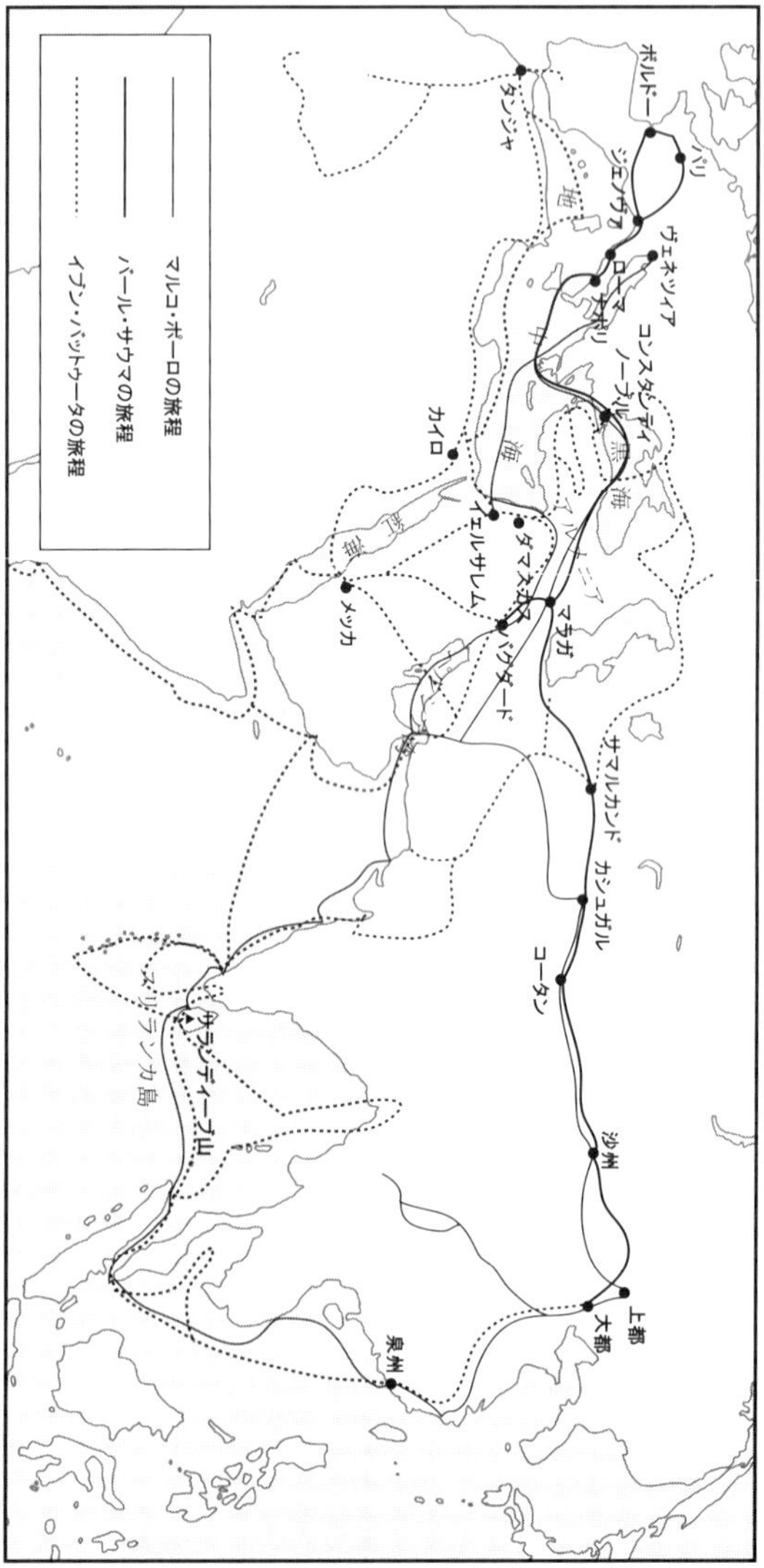

図1　モンゴル時代の旅行者たちの旅程

往生の時を迎えたサウマの胸には、もしかすると、当初の念願だった聖地イェルサレムへの巡礼を果たせなかったことへの未練の念が去来したかもしれない。だが、巡礼者バール・サウマの人生にとって、西方キリスト教世界との邂逅は、得がたい貴重な経験であったにちがいあるまい。

イブン・バットゥータのメッカ巡礼

つづいて紹介するのが、北アフリカのモロッコ出身のムスリム（イスラーム教徒）巡礼者イブン・バットゥータである。イブン・バットゥータは、モンゴル時代の旅行家としてはマルコ・ポーロに伍する著名な人物であり、イスラーム世界の域内外を問わず、途方もなく広い範囲を渉り歩いたことで知られる。人生の過半を旅空のもとに過ごした彼は、その見聞を口述して『大旅行記』（原題は『都会の新奇さと旅路の異聞に興味をもつ人々への贈り物』）をのこした。この旅行記は、マルコ・ポーロの『東方見聞録』と並び称されるものである。

イブン・バットゥータの壮大な旅の原点は聖地への巡礼であった。二一歳のバットゥータ青年が、生まれ育ったモロッコのタンジャの町を出発したのは一三二五年、バール・サウマの死去からおよそ三〇年後のことである。その旅の最初の目的地は、世界中のムスリムがめざす神聖な巡礼都市メッカであった。

この頃のイスラーム世界の旅行者にとってもっとも一般的な旅のスタイルは、国家の編成する巡礼キャラバン隊に合わせて一緒に移動するというものであった。イブン・バットゥータも、はじめこそ単身で故郷を発ったが、まもなく巡礼キャラバン隊に身を置き、多くの旅仲間《ラフィーク》たちとともにメッカをめざすことになった。当時のイスラーム諸国家は、巡礼隊を保護するために軍隊を随行させたり、巡礼路や標識を整備したり、ラクダや食料、飲料水などを競って提供したりしたといわれる。また、隊の通過に合わせて周辺の遊牧民が集まり、旅人たちが日々必要とする食料や飲料水、ラクダの飼料などを扱う臨時の市場が開かれた。イブン・バットゥータも巡礼隊に加わることにより、そうした恩恵に与ったのである。

巡礼キャラバン隊に属する人々にとって、旅の第一義的な目的が聖地巡礼であったことはいうまでもない。巡礼はムスリムの宗教的義務の一つにあたり、なかでもメッカへの巡礼はアラビア語でハッジと呼ばれ、特別な意味をもっていた。しかし、彼/彼女らのなりわいや旅の動機はというと、じつにまちまちであった。商人や出稼ぎ者もいたし、亡命者や移住者、そして奴隷たちも数多く含まれていた。なかには、学問の修得を目的として、各地の学者や有徳の人と面識を得るために旅をする者もいた。イブン・バットゥータは、法官《カーディー》として巡礼隊に加わり、そのなかで二度の結婚を経験しながら、多くの旅仲間《ラフィーク》たちとともに巡礼の旅を続け、ついに聖地メッカへ到着した。故郷を出発してから一年四か月後のことである。

ハッジは一年に一度、イスラームの暦の第一二月《ズールヒッジャ》に行われる。このときに合わせて世界各地からあまたのムスリム巡礼者たちが集まり、定められた儀式を粛々ととり行うのである。イブン・バットゥータは一三二六年のハッジに参加したのち、イラク地方を一時訪問して、約半年後に再びメッカへ戻った。それから数年のあいだ、寄留者《ムジャーウィル》としてメッカに滞在した彼は、イエメン・東アフリカ・南アラビアへの旅へ出発、ペルシア湾を経由して、アラビア半島を縦断し、三たびメッカを訪問した。さらにインドと中国の各地を遍歴したあと（実際には中国を訪れなかったという説もある）、バグダード、ダマスカス、カイロを通って、四たびメッカに到着、本人にとって最後のハッジに参加した。そして、ようやく四六歳のとき、故郷のタンジャへ帰りついたのである。

イスラーム世界の巡礼と旅

イブン・バットゥータを四半世紀に及ぶ長い旅に駆り立てたものはいったい何なのだろうか。こうした問いに立つとき、まず気づくのは、彼の旅の節目にいつもメッカ巡礼があったことである。つまり、メッカ巡礼と各地遍歴とを繰り返しているふしがあるのだ。じつはそのことが、イスラーム世界における巡礼と旅の関係について重要なことを示唆しているように思う。

イブン・バットゥータの時代、世界中に広がるイスラーム・ネットワークの中心は、聖地メッカであった。そこには、各地から多種多様な人々が集まって、互いに情報を交換し、触発しあう場が生まれた。そうした営みは現代にも脈々と受け継がれている。とりわけ年に一度のハッジは、イスラーム共同体の一員としての連帯意識を実感できる貴重な機会であり、ハッジを経験した信徒は、それを契機に人生の更新《リノベーション》を経験するといわれる。

おそらくイブン・バットゥータ自身、故郷タンジャを出発したときには、これほど壮大なスケールの旅が眼前に開けているとはゆめ思わなかったろう。しかし、メッカ巡礼の過程で多くの旅仲間《ラフィーク》たちに出会い、彼／彼女らから触発を受けるうちに、いつしか、次なる旅への思いをかき立てられるようになった。つまり、彼にとって、メッカ巡礼という終着点は、自らの知識や見聞をさらに広げるためのあらたな旅の出発点でもあったのである。

イスラーム世界を広く見渡してみると、メッカを基点とするヒト・モノ・情報のネットワークが形作られている。たとえていうならば、メッカは心臓、各地への交通路は血管、そこを行き交う人々は血液、運ばれるモノや情報は酸素である。こうしたネットワークによって各地のイスラーム社会はたえず新陳代謝を行ってきたものといえよう。イブン・バットゥータは、メッカと世界各地とのあいだのこうした往還運動を、身をもって体験した人物なのである。

モンゴル時代の仏教巡礼者

モンゴル時代の巡礼旅行者は、キリスト教徒やムスリムだけではない。仏教徒も活発に各地を遍歴していた。日本列島と大陸のあいだを行き来した禅僧たちもその典型的な例だが、ここではスリランカを訪れた仏教巡礼者の事例を紹介することにしよう。

インドを中心とする南アジア世界は仏教揺籃の地であり、各所に聖地や遺跡が点在している。その一つに、スリランカの南西部にそびえる聖山サランディーブがある。標高二〇〇〇メートルを超えるその山頂近くには、聖足跡がのこされており、いまなお訪れる巡礼者たちの姿が絶えないという。モンゴル時代にも、多くの仏教徒が巡礼に訪れており、たとえば、イブン・バットゥータと同じ頃に南海諸国を巡遊した元《げん》の汪大淵《おうだいえん》は、その著書『島夷志略《とういしりゃく》』において、この山のことを大仏山《だいぶつざん》と称している。この山を訪れる仏教徒たちの姿はマルコ・ポーロやイブン・バットゥータの目にもとまった。当時、山頂の聖足跡を、仏教徒たちは仏陀の足跡だと主張し、ムスリムやキリスト教徒はアダムの足跡だと信じて、それぞれの方法で拝んでいたという。イブン・バットゥータによれば、かつてその聖足跡のもとを中国《シナ》人たちが訪れ、親指の部分とその周囲を削り取り、その岩石を泉州《ザイトゥーン》の町にある寺院《カニーサ》に納めたという。また、マルコ・ポーロも、元《げん》の使臣がスリランカを訪れ、現地の王と交渉して、釈迦牟尼仏《ソガモニ・ボルカン》の臼歯や頭髪と食器に使用していた鉢をクビライのもとへ持ち帰ったことを記している。彼らの記録からうかがえるのは、当時のスリランカには、仏教徒をはじめ、イスラーム教徒、キリスト教徒らが陸続と巡礼にやってきて、山頂の聖足跡の由来をそれぞれに解釈しながらも、皆がそこで共存している様子である。モンゴル時代のスリランカでは、異なる宗教と巡礼のネットワークが互いに絡みあいながら息づいていたのである。

遍路・巡礼の普遍性

以上、モンゴル時代のアフロ・ユーラシア大陸とそれを取り巻く海洋世界を旅した巡礼者について、いくつかの事例を紹介してきた。いずれもいまをさかのぼること七〇〇年ほど前の事例だが、当時の巡礼旅行者たちにとって、旅をめぐる環境は存外に恵まれていたといえるかもしれない。政治情勢が相対的に安定していたことや交通手段が整備されていたことなどに加え、巡礼者を支えるもっとも大切な要素ともいえる人と人のつながりが十分に保たれていたようにみえるからだ。たとえばバール・サウマやイブン・バットゥータも、それぞれの宗教ネットワークをうまく活用して、旅仲間同士互いに支えあいながら旅を続けた。彼らが実感したであろう連帯意識や、巡礼を達成したときの更新《リノベーション》の感覚も、そうしたつながりがあってこそ得られたはずである。そんな彼らの姿は、今日《こんにち》のお遍路にも通ずるところがあるように思う。たとえば、イスラーム世界にもディヤーファと呼ばれるお接待の慣行があるという。古来、アフロ・ユーラシア大陸やそれを取り巻く海洋世界の各地には数多くの聖地巡礼の形があったが、そこには何らかの歴史的な普遍性がみられるように思うのである。四国遍路もそのなかに位置づけて考えてみてはいかがだろうか。

イスラームの巡礼と参詣——エジプトの聖墓参詣を中心に——

大稔哲也

ハッジ（メッカ巡礼）とズィヤーラ（参詣）

イスラームにおける聖域への巡礼・参詣について語る際、これまではハッジ（メッカ巡礼）のみが対象とされる傾向が強かったのではなかろうか。確かにメッカ巡礼は信徒への総体としての義務であり、ムスリム／ムスリマ（男性／女性のイスラーム教徒）であれば、誰もが一生のあいだに果たしたい宿願である。その象徴的中心性は圧倒的なものであり、イスラームにおける六信五行（五柱）の一行（柱）に数えられることに示されているように、教義における確固たる位置づけにも異論はなかろう。しかし、かつてメッカへの遠路の移動は危険であっただけでなく、経済的、身体的に多くの艱難《かんなん》を伴う命がけの行為であった。また、女性の場合、近親の同伴が義務づけられていたため、より機会は限られていたであろう。

それに対して、歴史的実態を見ると、交通機関の未発達な前近代においては、メッカ巡礼に勝るとも劣らぬ数の人々が、地元の聖所へズィヤーラ（参詣）に向かっていたと推察される。ムスリムの居住する地域の多くには、現実にあまたの聖廟が建てられ、メッカ以外の聖域が形成されてきたのである。ズィヤーラとは元来、〝訪ねること〟を意味するアラビア語で、ある場所や人を訪問することを広くさす用語である。聖地の訪問に限らず用いられるものであり、一般の墓参や知人宅の訪問もこの語で示される。ただし、参詣の意にズィヤーラが用いられる場合、たんに聖墓を訪問するだけでなく、墓前で死者に『クルアーン（コーラン）』を詠み贈り、祈願をするなど、一連の儀礼行為の総体を含意していた。

本章では、メッカ巡礼や、それとズィヤーラとの関係にも目配りをしつつ、ズィヤーラの方を中心にエジプトの事例を紹介したい。またそれによって、四国遍路とのより多面的な比較考察の契機になればと念願している。

イスラームの文脈での「巡礼」と「参詣」

前提として、ハッジ（メッカ巡礼）とズィヤーラ（参詣）との関係について、再整理しておきたい。イスラームの文脈では、メッカ周辺に赴き、カアバ神殿を周回するなど、所定の儀礼を実践することのみがハッジと称され、その他の参詣行為はすべてズィヤーラと呼ばれ区別されてきた。ハッジの位置づけが明白であったのに対し、ズィヤーラの方は、じつのところ『クルアーン』やハディース（預言者の聖伝承）にも明示されず、それどころか、多数のウラマー（学識者）によってイスラームから逸脱する行為として批判されてきた。しかし、多くのムスリム社会で、ズィヤーラは在来の慣行や信仰のあり方を取り込みつつ、継続して見られたのである。

また、ここまで使用してきた「巡礼」と「参詣」という訳語も、依然として問題をはらんでいる。もし、巡礼を「いくつもの聖地を順次たどり経巡ってゆく旅」(小嶋博巳氏)と規定し、熊野や伊勢に参る旅は「参詣」と言い習わしてきた日本語の慣用に留意するならば、エジプト死者の街の諸聖廟をめぐったり、各地の聖廟を巡歴したりする形でズィヤーラの旅をしてきた前近代ムスリムの慣行も、〝巡礼〟とすべきことになろう。一方、メッカへのハッジについてみると、実際にはメッカ周辺の数か所を移動してめぐっており、くわえてメディナの預言者の墓廟参詣も往々にしてセットになっているため、ハッジは右記の意味で「巡礼」に該当するとの説明も可能ではある。また、前近代においては、メッカに至る途上にも、各地の聖廟に参りながら旅をつないでゆくのが常態であったゆえ、その意味でもメッカ〝巡礼〟と訳せないではない。しかし、もしメッカ巡礼をメッカ周辺の聖域一極への直線的往還と捉えるならば、ハッジはむしろさきの「参詣」に近くなる。そうだとすれば、〝メッカ巡礼〟とムスリムの〝聖者廟参詣〟という現行の表現を入れ替え、〝メッカ参詣(参拝)〟と〝死者の街巡礼〟などと変換する必要性が出てくるのである。

しかし、ここで確認しておかねばならないのは、日本語におけるハッジ=メッカ巡礼とズィヤーラ=参詣という訳し分けの経緯である。小嶋博巳氏も指摘するように、メッカ巡礼やサンティアゴ・デ・コンポステーラ巡礼といったときの巡礼は、かならずしも巡歴する旅という意味に力点を置いていない。むしろ「聖地を訪れる宗教的な旅」、とりわけ規模が大きくよく知られた、日本国外の事例に適用されているように思われる。メッカ巡礼（順礼）という表現自体は少なくとも明治期には現れており（たとえば、山岡光太郎『世界の神秘境　アラビヤ縦断記』明治四五年）、現在はすっかり定着した観がある。筆者がズィヤーラ研究を始めた時点では、いまだズィヤーラの日本語定訳がなく、「参詣」や「巡礼」、あるいは「巡礼・参詣」などがあてられていたように思う。そのような状況下でも、筆者がズィヤーラに「参詣」という訳語を付し続けてきたのは、「メッカ巡礼」という表現がすでに日本語のなかに定着していること、その上で、ハッジをそれ以外のズィヤーラと峻別するイスラームの教義やムスリムの心性を少しでも生かす必要があると考えたためである。すなわち、はじめに「メッカ巡礼」ありきであり、それとの差異化を図るために、ズィヤーラ＝参詣としてきたのである。

図１　死者の街参詣風景（シャーフィイー廟門前）

同様の問題は、ズィヤーラをたとえば英語に訳す際にも生じる。非ムスリム・非中東の研究者はしばしばメッカへのハッジと同様に、ズィヤーラにもpilgrimageという訳語を付与しがちであるが、これに対して、ムスリムの研究者からは、ハッジとの区別がなされていないとの反発がみられるのである。ここでは、ある社会現象を一方的に外部から自分たちの価値基準で断裁し、その現象を担う人々の文脈やその人々が慈しんできた精神的営為を無視する姿勢が問われていると考えられる。

民衆にとってのメッカ巡礼とメッカ以外の聖地参詣

民衆にとって、メッカ巡礼（ハッジ）と各地の聖地参詣（ズィヤーラ）はどのように識別されていたのだろうか。メッカ巡礼者が他の参詣者とは異なって獲得したものとは、何だったのであろうか。このあたりのムスリムの感覚は、他の信徒からすれば理解しにくい。これはキリスト教のように、多くの宗教がこの種の区別を有していないことにも起因しよう。むしろ、この弁別がイスラームの特徴の一つとすらいえるかもしれない。

筆者はこれまでの研究の中で、かならずしも多くの参詣者がメッカ巡礼を実現できず、その代替（あるいはうつし霊場）として、メッカ巡礼を祖型にしつつ、地元の聖地へ向かったという点を指摘してきた。しかし、だからといって、社会のエリートのみがハッジとズィヤーラとの区別を知識としてもち、民衆はハッジとズィヤーラを混同していたとするのも早計であると考える。確かに、学識者たちが両者の弁別につながるハッジ礼賛の言説を絶え間なく再生産することを通じて、民衆を教化してきた側面は指摘できよう。しかし、ハッジはムスリムなら誰もが知る基本中の基本事項で

図２　巡礼画壁（エジプト・ハルガ・オアシスにて。2006年）

あり、前述のように教義実践の中核をなすものである。また、ハッジがどんなに意義深く、素晴らしいものであるかは、体験者の語りを通じても増幅されて伝わり、巡礼したことのない者／これから巡礼する（かもしれない）者の生活感覚のうちに刻印されていたに相違ない。たとえば、彼ら民衆はメッカ巡礼へ行くことを渇望したゆえ、死者の街を参詣し、聖者の墓の上を下着一枚で転げまわって願掛けしていたと記録されている。彼らにとって、メッカ巡礼を行えば神のもとで天国に入りやすくなるのであり（あるいは、天国入りが確約されたも同然であり）、それは生涯における究極の望みに直結していた。現代の事例で単純な比較はできないが、私の知人の老女（読み書きできない庶民）は歩行も困難なほどであったが、ハッジしたのちには別人のごとく健康を回復し、現在は闊歩している。また、ハッジした者は特別な敬称（ハーッジ）で呼ばれ、家の外壁には、巡礼してきたことを示す絵や文句が大きく描かれるなど、地域社会・共同体における名望と社会的地位向上につながったと考えられる（図2参照）。そもそも、民衆がハッジとズィヤーラを混同していたことを現時点で主張するには史料的根拠を欠く。すなわち、参詣者がメッカ巡礼を祖型として地元の聖地へ赴いたとはいえようが、両者を混同していたことは、現時点では証明しがたいのである。

メッカ巡礼（ハッジ）

ここでメッカ巡礼の手順にふれる余裕はないが、巡礼者の実態や心性をうかがうために、アメリカ合衆国の著名なムスリム、マルコムXの書簡を紹介したい。彼は一九六四年に、巡礼先のメッカからこう書き送っていた（一部を要約）。

……この古の聖地で、あらゆる肌の色と人種の人々から受けた誠実な親切と圧倒的な真の兄弟愛の精神ほど、素晴らしいものをかつて見たことがない。この一週間、私のまわりのあらゆる肌の色の人々が見せてくれた優しさには、ただ言葉を失い呆然とするばかりだった。……私はこのイスラーム世界での一一日間、仲間のムスリムと同じ皿から食べ、同様のグラスから飲み、同様の敷物の上で寝、同じ神に祈ってきた。眼が碧いなかでももっとも碧く、髪は金髪のなかの金髪で、肌は白のなかの白という人々だ。そして、「白人」のムスリムの言葉と行為のなかに、ナイジェリア、スーダン、ガーナのアフリカ系黒人ムスリムに感じたのと同じ親切さを感じた。私たちは、真に一つ（兄弟）となったのである。

ここでは、人種や民族、国籍、肌の色、言語の違いを超えた人間の尊厳と連帯・平等が高らかにうたわれている。これも、イスラームが多くの人々の心を捉えて放さぬ理由の一つであろう。むろん、巡礼者はカアバ神殿を詣でることによって、神の御許に参じたとの思いも強かったであろうし、来世において天国に入り、主にまみえる権利を得たとすら感じていたであろう。

なお、いまも昔も、メッカ巡礼は異教徒に門戸が開かれていない。この点、現今の四国遍路と好対照をなしている。それゆえ、日本語や欧米語による研究書のほとんどは、肝心のところの描写を引用に頼ってきたのである。そのようななかで、自身もムスリムへ改宗して、カアバ神殿へ立ち入って撮影を敢行した写真家・野町和嘉氏の『メッカ』は、写真・文章とも圧倒的迫力に満ちている。

ムスリム社会におけるズィヤーラの展開

イスラームの草創期において、ズィヤーラは教義の埒外にあったのではなかろうか。その後、ムスリム勢力がキリスト教徒・ユダヤ教徒の多数居住する地域を次々と支配下に収め、そのままの信仰にとどまり続ける者たちを支配し、同時にそこからムスリムへの大量の改宗者を抱えるに至り、既存の諸宗教の慣行や信仰内容からの影響を徐々に滲ませていったと推測される。

ムスリム諸勢力のうち、ズィヤーラをその教義に取り入れて体系化しようとする最初の試みは、シーア派の人々によってなされていた。彼らは、おそらく八世紀頃には、歴代のイマーム（ここでは、四代目カルフ・アリーの血筋をひく宗教指導者）、とりわけフサインの墓廟へのズィヤーラを奨励する理論を整え、大規模に実践していった。その後、シーア派を掲げる王朝による西アジア支配を経て（一〇～一二世紀）、一二世紀以降、ズィヤーラの慣行は聖者崇敬やスーフィズムの普及とも共鳴する形で、スンナ派・シーア派を問わず、諸ムスリム社会に広く定着してゆく。各都市の聖廟を巡歴してゆくズィヤーラ旅行の形式もみられるようになる。しかし、これがいわゆるワッハーブ運動（ムハンマド・イブン・アブドゥルワッハーブの唱えたイスラーム改革思想に基づく宗教・政治運動）を経て近代に入る頃には、各地（とくにアラブ地域）で急速な変貌と衰退の様相が露わになる。

エジプト死者の街の参詣

ここで取り上げるのは、エジプト・カイロの郊外に展開する「死者の街」と通称される広大な墓地群へのズィヤーラである。そこには、ムスリムの「聖者」や、預言者ムハンマドの後裔、歴史上の著名人らを祀る聖廟が林立しており、とくに一二世紀以降、おびただしい数の参詣者を迎えていた。死者の街の規模と人口は、それだけで当時のヴェネツィア全体に匹敵したといわれる。ヨーロッパからの旅行者は「この荘厳さをヨーロッパ・キリスト教世界に見たことがない」と驚嘆していた。

現在、この墓地区は、一五〇万人ともいわれる住民を抱えていることでもよく知られている。住民は通常、墓地の所有者や被葬者とは無関係であり、手配師に斡旋されるなどして居住しているにすぎない。墓主一族の方は、貧者に軒を貸すというこの善行によって、死後に天国に入りやすくなると考えられている。カイロの墓地は、一般に各墓区が高い壁に囲われ、参詣者用にトイレや台所を備えているものもあるため、住居に転用しやすいのである。

この死者の街の聖性の背景として、この場所が古代から聖山として畏敬の念をもたれてきたムカッタム山の裾野に位置することは重要であろう。死者の街参詣は、「ムカッタム山参詣」とも別称されてきた。ムカッタム山での祈願は叶いやすいとされ、ムスリムのスーフィー（イスラームの教えを内面化し倫理化することによって、神との直接体験をめざした人々）や聖者、コプト・キリスト教徒の修道士たちが、ここに籠ったり、山中を放浪して、修行（修道）に励んでいたのである。

死者の街の参詣者は、君主から庶民まで、すべての社会階層にわたっていた。彼らは個々に参詣するだけでなく、その場限りの参詣グループ（講）を結びつつ、墓地区のツアー・リーダーとでもいうべき「参詣のシャイフ（先達）」に引率され、シャイフの得意とするコースを巡回していた。シャイフは自らの選択した幾つもの聖墓のかたわらに立ち止まり、故人の事績や美徳を解説し、集団祈願を率先していたのである。一五世紀には、同時に一一のグループが死者の街参詣に出ていたとの記録すらみられる。また、とくに祈願の叶いやすい七聖墓をめぐってゆくズィヤーラも盛んであった。参詣先の墓廟は、参詣者を参籠させていたし、ワクフ（寄進財）を通じて、参詣者に手当金が支払われたり、食事やコーヒーが振る舞われていた事例も確認できる。死者の街では、大量の参詣者が多額の御布施（サダカ）を行い、畜獣を屠って分配したり、パンなど他の食料も配給されていた。「それゆえ、人々はそこへ住みたいと欲していた」とすら史料は述べる。この状況と、四国遍路における「お接待」との比較は可能であろうか。

また、参詣のシャイフたちは、この死者の街参詣のいわば案内記を書きのこしていた。それが、『参詣の書』と呼ばれる一群のテキストである。そのなかには、参詣に携行するようにと明記されたものもある。

ちなみに、主たる参詣対象となったのは、預言者ムハンマドの後裔、ムハンマド以外の預言者とその関連の場所、ムスリムの「聖者」、著名な学識者、あるいはたんに誰かが祈願を叶えたことを知られた場所、などであった。ここで、イスラームにおける「聖者」とその聖性の根拠について立ち入る余裕はないが、彼らはそのカラーマ（奇蹟・美質）によって形容される人々であった。

参詣の慣行

参詣は平素より連日実践されていたが、とくに被葬者の没後四〇日や一年後、あるいはラマダーン（ヒジュラ暦第九月の断食月）月開けの大祭時などに集中しがちであった。参詣書によると、参詣者は墓地に出入りする際に、生者に対するのと同様に死者へ挨拶し、死者に『クルアーン』を詠み聞かせていた。『クルアーン』のなかでも、とりわけヤースィーン（第三六）章が墓地で死者に対して詠まれたものである。この点は、般若心経との対比も興味深い。そして、墓前などで祈願を行い、花や香草、金銭、御香などを供えていた。蠟燭やランプの献灯も盛んであった。これらの祈願が成就すると、先の祈願を行ったときの誓約（ナズル）に従い、お礼参りに来る必要があった。今日、各地のムスリムが祈願に際し、白い布切れを墓廟の柵や脇の樹木に結びつける慣行も頻見される。

墓に触れた手を身に擦りつけたり、墓土を薬として用いる慣行も広がっていた。また参詣書には、墓に腰掛けていた男女が、墓中の故人に注意されるという例すらみられる。参詣者はしばしば墓廟に参籠したり、墓地で夜を明かした。それによって、夢のなかで故人や聖者・預言者と関われることを希求していた。焚香も盛んな慣行であった。彼らは多種の香を参詣前に身に薫き込めていったり、墓地で焚いていた。

墓地では、基本的に大笑いや歌舞は避けるべきと、学識者は繰り返していた。しかし、慎ましくあるべき死者の街では、弦楽器ウードを抱えた弾き語りがアラブの英雄叙事詩をうなり、カッワール（宗教歌手）による宴、説法者による宗教説話、歌のごとく過剰に節をつけたクルアーン詠み、集団で神を称名しつつ踊るスーフィーなどがみられた。荘厳なパレードや軍人のポロ競技なども見物されている。夜間まで家族連れが飲み物や菓子を携え大挙して憩う、「エジプトでもっとも人気のある行楽地」となっていたのである。すなわち、ピラミッド見物よりも、死者の街の行楽の方が好まれていたことになる。この点に関連して日本の事例を参照すると、新城常三氏は地方霊場が多分に民衆の有楽の対象となっていたことを述べられたし、やはり小嶋博巳氏は、巡礼における利根川下流域の新四国巡礼に、「遊興的遊山的な祭り類似の雰囲気が多分に認められる」と指摘されている。

なお、墓地での礼拝自体は、神ではなく被葬者の方を拝んでしまう危険性があるため禁止が原則であり、墓廟建築そのものや、その華美化、さらには生前墓の建設が、学識者からきびしく指弾され続けていた。しかし、現実には遵守されておらず、死者の街は荘厳な墓廟建築や、墓地内のモスクで名をはせていた。また、墓地は女性が夜遅くまで自由に出歩ける稀な場所であったため、「女性が不良の若者と混交」する溜まり場として、歴史的に社会問題化されてきた。

参詣の目的と祈願成就

参詣者たちは何を希求して、参詣に勤しんでいたのであろうか。その一端は、彼らが墓地で行った祈願の内容からうかがい知ることができる。それらは、病の平癒、経済状況の回復、死後の天国入り、護身、罪の許しを乞う、戦争勝利、死者への贈り物、巡礼の無事安全、ペストの終熄、ナイル川が増水するように、などを含んでいた。なかでも、病の平癒や借金帳消しという現世利益と、死後の天国入りが多く求められるところであった。

ところで、これらの祈願の際、イスラームにおいて強調されたのは、祈願を叶えるのはあくまで（唯一）神であり、墓のなかの死者・聖者は「とりなし」を行うにすぎないと理論化されていた点である。ここにおいて、イスラームの一神教的な性格は曲がりなりにも保持されてきたのである。墓中の被葬者（聖者）が参詣者の祈願を直接に成就させてしまうのであっては、神の全能性は損なわれてしまうのである。

さまざまな社会階層にとっての「死者の街」

エジプトの民衆は、たんに死者の街をめぐって、祈願に明け暮れていたばかりでなく、さまざまな形で積極的に墓地区の拡大や墓の創出に参画していた。エジプトにおける聖廟建立には、故人の頭骨や聖遺物によるもの、夢に基づくものなどもあったが、庶民は盛んに墓碑を書き換えたり、あらたな聖墓を創出／捏造するなどしていたのである。彼らは、一般人の墓を著名聖者や預言者ムハンマドの一族、歴史上の有名人などの墓へと変えてしまうのであった。なかには、玉葱商のムスタティルの墓を、カリフのムスタンスィルの墓へ変えてしまった例すら見られる。しかし、逆にそこからは、付託された民衆の願望を読み取ることが可能となろう。

また、支配者層にとっても、そこは自らの祖先の墓所であるため、参詣や喜捨、建築の場所となっていた。そればかりか、荘厳な聖域であったため、彼らの集団祈願や、宴・パレードの舞台ともされた。ポロなど、軍事訓練を兼ねた騎士の遊戯の場でもあり、メッカ巡礼輿のカイロ市内巡回の際に死者の街で行われた槍兵の模擬戦は、民衆との重要な接点ともなっていた。さらに、王朝政府の中枢たる城塞の周囲に展開していたため、死者の街は支配者層の政争の場ともされた。

以上のような場所であり、全社会階層が混交する死者の街は、支配権力にとって制御すべき要所となっていた。それゆえ、マムルーク朝政府は墓地区に総監（ワーリー）を任じ、統括にあたらせている。また、人気を集めた聖者廟についても調べてみると、支配層による経済援助や整備が、参詣者の多寡に大きく作用していたことがうかがえる。すなわち、支配権力との関係も重要な論点をなすものである。

今後の比較研究へ

以上のように、中東・ムスリム社会の参詣の実態は、四国遍路やアジア各地の参詣・巡礼行との比較を可能にする多くの要素を備えていると思われる。筆者のような中東の参詣研究者にとっても、四国遍路研究との比較は、これまで行ってきたキリスト教巡礼研究との比較とは異なる視角から、示唆の束を突きつけてくれるものである。また、日本の巡礼・参詣研究の豊かな成果を生かさぬ手はないと、あらためて痛感した。今回はムスリムの事例だけにふれたが、中東やエジプトにおいてイスラームは他の諸宗教（キリスト教・ユダヤ教・ゾロアスター教など）と共存しつつ、さまざまなレヴェルで互いの慣行をやり取りしてきた。これらについては、またの機会に譲りたいと思う。

（なお、本稿は平成一七年度愛媛大学公開シンポジウムプロシーディングズ『四国遍路と世界の巡礼――アジアの巡礼――』二〇〇六年中の筆者の報告に基づいている。）

コラム　フィリピンにおける聖母マリア崇敬と中国人

菅谷成子

フィリピンはアジア有数のキリスト教国で、総人口の約八三%がローマ・カトリシズムの信徒といわれ、聖母マリア崇敬も盛んである。これは、約三五〇年に及んだスペイン植民地支配の遺産でもある。

多くの崇敬者を集めている聖母マリアに、ルソン島南部バタンガス州タアルの「カイササイの聖母」がある。タアルにはスペイン時代からの街並みがのこるが、フィリピンでは珍しく華人商店のない町として知られる。ところが、この聖母は、フィリピン華人のあいだで「天上聖母（媽祖《まそ》）」と同一視され、一九七〇年代半ばからは毎年九月頃（農暦八月初六日）に、ルソン島中北部ラ・ウニオン州の媽祖信者が大挙してタアル大聖堂の聖母を訪れ、夜間に「媽祖」に対する儀礼を行う。また州都バタンガスの「天后《てんこう》宮《きゅう》」の媽祖は「カイササイの聖母」のレプリカで、毎年一一月末の祭日にはカトリック司祭を招いて「媽祖」にミサが捧げられ、聖像行列も行われる。

一方、「カイササイの聖母」は現代の「媽祖」信仰とは別に一七世紀より霊験あらたかな聖母として知られている。聖母の奇跡譚（聖母に捧げる祈禱書に所収）によれば、聖母像は、一六〇三年にタアル町カイササイのパンシピット川で漁師の網にかかり豊漁をもたらした。地元の有力者が保管していたが聖母は姿を消し、一六一一〜一六一九年のあいだ、カイササイ近くの泉の畔の岩や木の上などに出現し、人々の眼病などを癒す霊験があった。そこで聖母ゆかりの地に聖堂が建立された。敬虔なカトリック信徒の中国人石工インビンは聖堂建設に携わったが、一六三九年の大規模な中国人蜂起に巻き込まれ、地元民に殺害された。インビンは「カイササイの聖母」の導きで蘇生したが、長年のうちに聖母への感謝を忘れ、カトリック信徒としてのつとめを果たさず、聖母より妻の方が大切だと述べるに至った。その結果、インビンは聖母の怒りにふれ、農作業中に犂を牽いていた水牛が突然暴れて突き殺された。

「カイササイの聖母」の奇跡譚は、スペイン植民地社会と中国人移民との歴史的な関わりを表象している。一六世紀後半にスペイン領となったフィリピンは、メキシコのアカプルコとガレオン船（大帆船）で結ばれた。アカプルコへの中継輸出品として、マニラに生糸、絹織物、陶磁器などを運んだ中国のジャンク船は、多数の移民をも輸送した。そのなかには、インビンのように技術をもってマニラを離れて各地の需要に応じ、また農業に従事しつつ地域社会に定着し、その過程でカトリシズムに帰依して家族を形成し、中国系メスティーソと呼ばれる混血の子孫をのこす者も少なくなかった。一方、教会や聖職者には、中国人移民の改宗の意図や信仰実践のあり方に疑念があった。彼らが地域住民に「悪」影響を与え、カトリック信仰を堕落させるとの危惧がインビンの不慮の死に象徴的に示されているといえる。

スペイン領フィリピンにおけるカトリック信仰は、在地の口承文学の伝統や価値観などを取り込み、中国人移民やメスティーソを包摂しつつ、植民地の住民に広まった。その過程でカトリシズムは、それを自らのものとした人々によってスペインの植民地支配に抵抗する論理ともなり、フィリピン国民国家の統合原理となった。一方、ムスリムなどカトリック信仰を共有しない住民に疎外感を与え、国家統合の不安定要因ともなっている。しかし、たとえば二〇〇三年の「カイササイの聖母」発見の四〇〇年祭では、一般のカトリック信徒と華人の媽祖信徒が協働して記念行事・儀礼を執り行い、一つの聖母像を二つの信仰の崇敬対象として認知しあった。ここに、フィリピンにおける、カトリック信仰のダイナミズムの一端が表れているといえよう。

古代ギリシアのエピダウロス巡礼——アスクレピオスの治療祭儀

山川廣司

アスクレピオスとエピダウロス

古代ギリシアの巡礼は、四国遍路のような複数聖地を巡回する巡礼（回遊型巡礼）とは異なり、特定の地域を往復する単一聖地巡礼（直線的往復巡礼）の形をとっており、またその巡礼の内容もさまざまであった。たとえばデルフォイ（アポローン神）やドドナ（ゼウス神）への巡礼は、祭儀、開戦、和平、植民、国制など国家にとっての重大な事柄から、結婚、病気、商売など私的な問題に至るまで幅広く神託を求めるため、国内外から多くの人々が来訪したが、これらは公私の運命の決断を神の裁可に求めてなされた巡礼であった。また民族の四大祭典としてヘレネス（ギリシア人）の意識を高揚させたオリンピア競技会（ゼウス神）・ピュティア競技会（アポローン神）・イストミア競技会（ポセイドーン神）・ネメア競技会（ゼウス神）は、神前にスポーツや文芸の技を奉納するための巡礼であり、そのほかにも病気の治癒を求めて医神アスクレピオスの聖域を訪れる巡礼などがあげられる。ここでは、エピダウロスに展開したアスクレピオス巡礼を概観し、宗教に関わる古代ギリシア人の心性について考えたい。

英雄でありかつ医神であったアスクレピオス（図2）は、伝承によれば、預言の神アポローンとテッサリア王フュレギュアースの娘コローニス（あるいはメッセニア人レウキッポスの娘アルシノエー）とのあいだに生まれた子となっている。またその出生地については、テッサリアのトリッカ（トリッケ）とされ、そこからエピダウロスに伝播したらしいが、のちにはエピダウロスがその生誕地とされ、一大聖地となった。アスクレピオスはアポローン神によって母を殺されたときはまだお腹にいたが、間一髪のところで救出され、その後、ケンタウロス族のケイローンから医術を学び、やがて名医となってアテナ女神から授かったゴルゴーンの血によって死者をも蘇らす力をもつに至る。しかし天地の常道の逸脱を恐れたゼウスの雷霆《らいてい》に打たれ、星座（蛇遣い座）となった。

エピダウロスでのアスクレピオス崇拝は青銅器時代にさかのぼるとされるが、その発展は後期アーケイック期（紀元前六世紀）に始まる。古典期（紀元前五世紀）にはその崇拝は隆盛し、エピダウロスが一大中心地となり、ヘレニズム期（紀元前四～一世紀）を頂点に、キリスト教を国教としたローマ帝国によって四二六年に聖域が閉鎖されるまで続いた。ペロポネソス戦争最中の紀元前四二〇年頃、疫病が流行したアテナイのアクロポリス南麓にその聖域アスクレピエイオンが分祠されたのをはじめ、紀元前四世紀頃にはペルガモンに、さらに紀元前二九三～二九一年に疫病が大流行したローマのティベリーナ島にも分祠され、このように治療祭儀としてのアスクレピオス崇拝は各地に広まっていった。そしてコスやクニドスではアスクレピアダイと呼ばれた神官団（医師団）が

トラキア
ビュザンティオン
トロイア
小アジア
ペルガモン
エ
ー
ゲ
海
イオニア
クラロス
カリア
デロス島
クラ
諸島
コス
コス島
クニドス
アナペ島
ロドス島

図1　古代ギリシア地図（出典：カール・ケレーニイ、『医神アスクレピオス』8～9頁）

図2　アスクレピオス像
（エピダウロス博物館蔵／筆者撮影）

治療に当たったといわれている。

エピダウロスの遺跡の建物（図3）は主として紀元前四世紀に建設されたが、その聖域には、アスクレピオス神殿、アルテミス神殿、アフロディーテー神殿、テミス神殿などの神殿群、アバトンやトロスなどの医療施設、カタゴゲイオンと呼ばれる宿泊施設、パラエストラ（体育場）、ギムナジオン（屋内競技場）、公衆浴場、図書館、ストア（柱廊付きの建物）などの社会施設などが広範囲に建立されていた。またアスクレピオスを讃えてスポーツと音楽の祭典アスクレピエイア祭が四年ごとに開催されたが、それはオリンピアのスタディオン（野外競技場）に匹敵する長さ一八一メートルの直線コースをもつ競技場や、その音響効果で現在でも絶賛されている一万四〇〇〇人収容の野外大劇場で行われた。

エピダウロスにおける治療祭儀

アスクレピオスによる治療を求めてギリシア各地からエピダウロスを訪れた巡礼者（患者）たちは、郊外のキュノルティオン山麓の谷間に広がる聖域をめざした。聖域の入口プロピュライアを

図3　エピダウロス・アスクレピオスの聖域遺跡（出典：Voutsas, C., p.16）

図4　アバトン内での初日の夜（出典：Hart, G.D., p.81）

通って聖なる道を進み、最初の夜をアバトン（お籠り堂）で過ごした（図4）。すべての巡礼者が入場を許可されたわけではないが、男性は東側部分、女性は西側部分に分けられ、寝床を作った。睡眠の儀式に就く前に、彼らは冷水で身を清め、伝統に従って夢見を促進すると考えられていた白衣に着替え、睡眠と夢見を促進するための一服を与えられた。白いヘアーバンドをつけた神官団が蛇と犬を伴って患者のあいだを循環していたが、アバトン内部は薄暗く、蠟燭やランプの光の揺らめきは正面のアスクレピオス像の荘厳さを高め、その壁面には無数の奉納絵額や体の部位の模型が飾ってあり、その効能の絶大さを誇示していた。患者のもとにアスクレピオスが訪れ、触診したり、治療を施したり、処方箋を与えたりするいわゆる奇跡治療はこの夢見のときであった。翌日神官団（医師団）はその夢を聞いてカルテを作り、治療に当たったとされている。そして巡礼者たちは神官団による治療を受けながら、同時にギムナジオンやパラエストラ、スタディオンでスポーツを、公衆浴場や図書館で余暇を、野外劇場で悲劇や喜劇などの演劇を楽しみ、心身のリフレッシュを図った。このように来訪者は滞在中に非日常的経験を味わうことで外科的治療と並んで精神的解放を行ったと思われる。そして病が治癒したとき、感謝の気持ちをもって再び聖地を訪れ、お礼銘文や治療を受けた体の部位の模型を納めたことは、エピダウロス出土の奇跡治療碑文や実際の出土品によって知ることができる。次に奇跡碑文（W. Dittenbergerer, *Sylloge Inscriptionum Graecarum III*）をいくつか見てみよう。

アポローンとアスクレピオスによる奇跡治療の碑文

(1) 五年間妊娠していたクレオー

彼女は五年間妊娠しており、嘆願者として神（アスクレピオス）のもとを訪れ、アバトンで眠った。翌朝彼女はそこを離れ、聖域の外に出るとすぐに男児を産んだ。その赤子は誕生後すぐに泉の水で自分の体を洗い、母と一緒に歩いていった。その幸運の返礼に彼女は感謝の献納板に刻文した。「この銘刻板の大きさにではなく、神の偉大さに驚嘆せよ。その聖域で眠るまでクレオーは五年間子宮の中に苦悩を抱きかかえていたが、神が彼女を元気にした」と。

(2) エピダウロスの少年エウファネース

少年は胆石を患い、聖域で眠った。神は彼の側に立ち、「もし君を治療したら何をくれるか」と尋ねたように思われた。彼は「一〇個の賽子《さいころ》（ナックルボーン。羊の趾骨などで作ったお手玉に似た子供の遊具）」と答えた。神は笑って治療することを約束した。夜が明けると彼は元気になって立ち去った。

（3）　蛇に足の指の治療をされた男

彼は足の指に広がる悪性潰瘍のため体調がひどく悪く、日中神域の召使いたちに外に運び出され、安楽椅子に座っていた。彼が眠りに襲われると、一匹の蛇がアバトンから出てきて、舌で彼の指を治療し、その後またアバトンへ戻っていった。彼が目を覚まして元気になったとき、自分は夢を見た、美しい容姿の若者に指に膏薬を塗ってもらったように思われる、と語った。

（4）　水腫にかかったラケダイモンの女性アラタ

アラタがラケダイモンにとどまっているあいだ、母親が彼女のために神域で眠り、夢を見た。神が娘の頭を切り離し、喉が下の方にくるように体を吊した。喉から大量の液体物が流れ出た。それから神は体を元の位置に戻し、頭を首の部分とつなぎ合わせたように思われた。母親は夢を見たあと、ラケダイモンに戻り、娘が健康になっているのを見た。娘も同じ夢を見ていた。

（5）　頭痛に悩むハゲストラトス

彼は頭痛からくる不眠症に悩まされていた。アバトンにやって来て眠りにつくと夢を見た。神は彼の頭痛を治し、それから彼を裸で立たせ、パンクラティオン（格闘技）で使われる突きの技を教えたように思われた。夜が明けると彼は元気になって立ち去ったが、その後まもなくネメア競技会においてパンクラティオン種目で勝利した。

(6) カフィシアスが足で……

カフィシアスはアスクレピオスの治療を嘲笑し、いった。「もし神が足の不具な人々を治療するというなら、彼は嘘をついている。なぜならもしそうする力をもっているなら、なぜへファイストス（足が不具な鍛冶の神）を治療できないのか」と。神はそのような無礼に対して罰を科した。カフィシアスが馬に乗っているとき、鞍がくすぐったくて暴れた馬から落ちて蹴られ、即座に足が不具になり、担架で神殿に運ばれてきた。そこで彼が熱心に治癒を懇願すると、神は彼を元気にした。

(7) メッセネのニカシブラの不妊治療

メッセネのニカシブラは、子を授かるために聖域で眠りにつくと夢を見た。夢のなかで神は一匹の蛇を従えて彼女のもとを訪れ、彼女はその蛇と交わった。それから一年後に双子の男子を授かった。

これらの奇跡碑文から、エピダウロスの聖域で行われていた治療の様子をまとめてみると、第一に妊娠あるいは出産の促進は聖域内で行われたが、ケレーニイ（参考文献二二九頁）がいうように、出産は治療を要する病気ではないからか、あるいは出産に伴う出血が汚れとみなされていたからか、出産そのものは聖域外でなされていた。第二に夢のなかでアスクレピオスによって手術などの治療が施されているが、実際はその象徴である蛇によって治療がなされている。第三にアスクレピオスは症状に表れる病気の治療ばかりでなく、その根本原因となっているストレスを除去すべく、たとえばスポーツの技を授けるなどの処置を施している。第四に患者本人は聖域に行かず、代参者が聖域に出かけてアスクレピオスに懇願することで遠隔地の患者に治療を施すこともあり得た。第五に病気が治癒した患者はお礼の奉納を行うが、ときにはそれを怠ったりあるいは神を侮辱した場合は再び病がぶり返すこともあった。またアスクレピオス自らが治療のお礼を求める場合やお礼の奉納品を指定する場合もあった。

ギリシア人の心性

V・ターナーによれば、中世ヨーロッパ・キリスト教社会での巡礼は贖罪の旅であり、そこでは奇跡による病気治癒などの現世利益と来世での救済という二側面が指摘できる。一方、古代ギリシアでは、神々は何処にでもおり、あらゆるものに存在している多神教であった。彼らにとって重要なことは神々の好意を得ることであり、そのために具体的に行動することが重要であった。逆に神々にとって重要なことは、人間から何を受け取るかということである。敬神とは神々が望むものを与えることであった。ギリシア宗教の背後にある信仰は来世での至福の生活ではなく、現世においての栄達を確実にするという現世利益が目的であったといえる。

このようなギリシア人の来世観はホメーロスの英雄叙事詩『オデュッセイア』（第九巻、四八八～

四九一行）にもみられる。地上から冥界に降りたオデュッセウスと面会したアキレウスは、死後、冥界に降り死者たちの支配者となるよりも、たとえ小作人の奴隷としてでも現世での生活を選ぶと生への執着を示している。このように古代ギリシア人の来世観は、仏教やキリスト教にみられる天国と地獄といった二元世界ではなく、死後は地下の冥界を彷徨《さまよ》うものとされ、現世での善行を積むことで来世において救済され、天国で安寧に過ごせるといった考えはない。むしろ死後の世界に対して暗く陰鬱なイメージを抱き、積極的な評価を行っていない。

古代ギリシアの巡礼

古代ギリシアにおける巡礼について簡単にまとめてみたい。

第一に、古代ギリシアは多神教の世界であり、信仰には寛大であった。そして彼らにとって重要なのは、先祖伝来の仕来《しきた》りに則り、宗教儀礼を実践することによって、神々への敬虔の気持ちを示すことであった。実際、祭儀を含め大小の宗教儀礼が各地で頻繁に行われ、平素はポリス（市民共同体国家）に分立して生活していたギリシア人たちはそれへの参加・参拝のため、各地から集まってきたのであり、巡礼の内容も多種多様であった。

第二に、古代ギリシアの巡礼活動は現世利益を求めて行われた。キリスト教においては来世での救済が巡礼活動の一つの重要な要素となるが、古代ギリシアの巡礼活動は、来世での幸福という考えはなく、ひたすら現世における福利の追求がなされたといえる。ギリシア人が神に期待したものは、相互授受の原理に則った現世利益であった。それを求めて嘆願し、成就した暁にはお礼を捧げるという実利的なものであった。

第三に、巡礼はこのような神聖な儀礼への参加という大義名分で行われたが、一方で非日常的経験による心身のリフレッシュも図られた点も注目される。その典型例としてあげられるのがエピダウロス巡礼であった。エピダウロスをはじめギリシア各地で行われたアスクレピオス崇拝は、病の治癒とそのお礼詣りという一般の人々の生活に密着した巡礼活動であった。前述のように、病をもった人々はアスクレピオスの聖域を訪れた最初の夜アバトンに籠もり、夢見でアスクレピオスの診断告知を受け、それに従って神官団による治療が施された。その一方で彼らはスポーツや余暇を楽しみ、いわばエピダウロス滞在中、心身のリフレッシュを図った。このようにエピダウロスをはじめとするアスクレピエイオン（アスクレピオスの聖域）においては、物理的・外科的治療のみならず精神的解放も行われ、おそらく来訪者にとっては滞在期間中、非日常的な経験を味わうことで心身の再生が行われたものと思われる。そして後日あらためて治癒のお礼に奉納品を持って再び聖地を訪れたのであろう。

サンティアゴ巡礼

関　哲行

聖地の成立と聖ヤコブ伝承

スペイン北西部のガリシア地方に位置するサンティアゴ・デ・コンポステーラ Santiago de Compostela（以下サンティアゴと略記）は、ローマ、イェルサレムと並ぶ中世ヨーロッパの三大聖地の一つで、サンティアゴは十二使徒の一人聖ヤコブ Santo Yacob に、コンポステーラは墓 compositum を意味するラテン語に由来するといわれる。コンポステーラの語源を「星の野 campus stellae」とする研究も散見されるが、最近の研究ではコンポステーラと墓との関連を指摘する向きが強い。「星の野」というロマンティックな呼称は、古代の神々の住む銀河 Galaxia とガリシア Galicia 地方の混同に由来するとされる。

伝承によれば聖ヤコブは、主の昇天後にスペインに初めて福音を伝えたイエスの直弟子であったが、ヘロデ王時代にパレスティナで斬首され、十二使徒最初の殉教者となった。殉教した聖ヤコブの遺骸は弟子たちによって小船に乗せられ、地中海を横断しサンティアゴ近郊の海岸に漂着した。

移葬過程でさまざまな奇跡を演出した聖ヤコブの遺骸の埋葬地とされたのが、ガリシア地方のサンティアゴであった。レコンキスタ（再征服）運動が開始された直後の九世紀初頭、長いあいだ忘れ去られていた聖ヤコブの墓が、神の啓示により「発見」された。報告を受けたローマ教皇レオ三世はこれを聖ヤコブの墓と認知し、その上にサンティアゴ教会が建立されて、聖都サンティアゴ発展の基礎が築かれた。聖ヤコブの墓の「発見」が、レコンキスタ運動や八〇〇年頃に到来するとされた終末論、イエスを「神に採択された子」とする異端のキリスト養子説の蔓延と密接に関わっていることはいうまでもない。

もともとサンティアゴは新石器時代の巨石文化と関係の深い地であり、ローマ時代にはガリシア地方の主要都市を結ぶ軍事・交通上の要衝として機能していた。四世紀に入ると異端のアビラ司教プリスキリアヌスの遺骸が、ドイツのトリアーからサンティアゴに移葬された。プリスキリアヌスは女性への聖職解放、神との直接的交感を説き、異端として処断されながらも、ガリシア民衆の強い支持を受けた聖職者である。プリスキリアヌスの移葬伝承は、聖ヤコブのそれと重複する部分が少なくなく、聖ヤコブ移葬伝承のモデルとみることもできる。サンティアゴは新石器時代以来の宗教機能をもつ「連続する聖地」、民衆信仰の中心地にほかならなかったのであり、その基層の上に聖ヤコブの墓が接合され、聖地としての地位を確立していくのである。

サンティアゴの立地条件と聖ヤコブの奇跡譚も、聖地としての地位を確立する上で重要な役割を果たした。一〇八〇年頃のブルゴ・デ・オスマ教会の『世界図』に示されるように、サンティアゴ

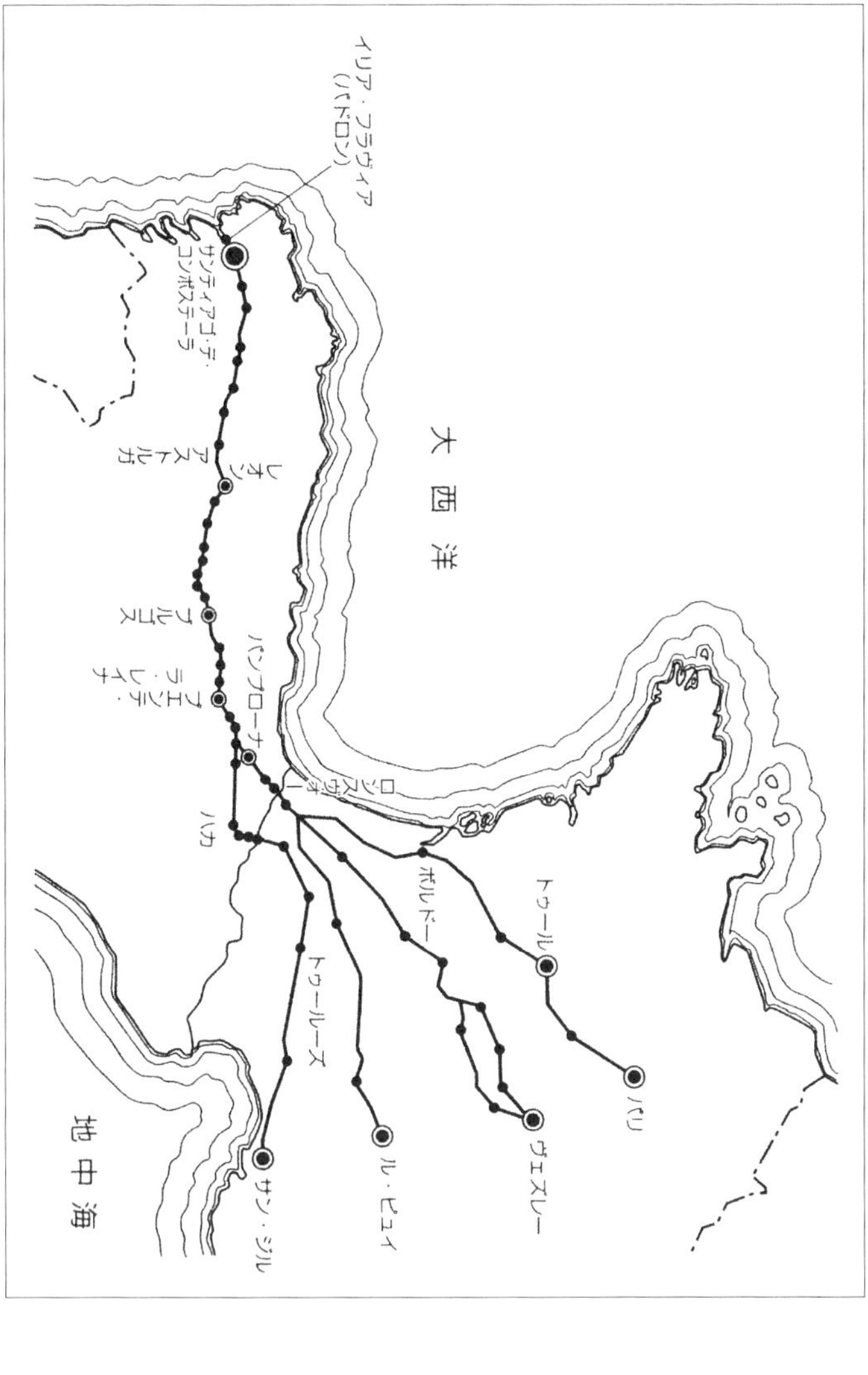

図1　サンティアゴ巡礼路（出典：歴史学研究会編『巡礼と民衆信仰』137頁を基に一部改変）

はヨーロッパ・キリスト教世界（日常的生活圏）の西端に位置する「地の果て」であり、日没と翌日の黎明に象徴される宇宙的な「生と死の舞台」であった。それは生と死、肉体と精神が一体化し宇宙（神の世界）へとつながる「聖なる中心点」にして、「永遠の救済の地（異界との接点）」であった。

一三世紀のジェノヴァ司教ヤコブス・デ・ウォラギネは、病気治癒、霊的救済、死者の復活、危難回避、異教徒の殲滅を聖ヤコブの奇跡としている。わけても重要なのは病気治癒と霊的救済、死者の復活であり、聖ヤコブの奇跡は「神の法」の実現、社会的不正の是正を意味するものとして多くの人々の共感を集めた。

聖都の発展と聖性

九世紀初頭、サンティアゴ教会を中心に囲壁と属域（当初はサンティアゴ教会の支配下に置かれた周辺3マイルの農村部）をもつ小集落として出発した聖都サンティアゴは、一二世紀半ばに人口約四〇〇〇人、囲壁内面積およそ三〇ヘクタールの有力巡礼路都市へと成長した。サンティアゴ巡礼の盛行とさまざまな中心地機能の集中を背景に、聖都サンティアゴの人口は伸張し、封建制の危機の時代にあたる一四～一五世紀、人口約五〇〇〇人を擁する都市へと転じた。

聖都サンティアゴは、人々が奇跡を目撃し、「地上の楽園（ユートピア）」を実感する都市でなければならなかった。そのため一二世紀前半の初代大司教ディエゴ・ヘルミレスと後継大司教のもとで、大規模な都市改造が実施され、聖都ローマをモデルにユートピア都市の構築がめざされた。聖書的言説に基づく都市建設がそれであり、市門数七、教会・修道院数一二に加え、聖堂参事会員数もイエスの弟子を象徴して七二人とされた。これらはいずれも聖書的言説に由来する聖数であり、それがサンティアゴ教会前の聖泉や巡礼者のための施療院と相まって、サンティアゴの聖性をいっそう強化した。

聖都の中心サンティアゴ教会は、十字形の平面プランをもち、後陣をイェルサレムの位置する東方に向けた典型的巡礼教会であった。サンティアゴ教会の主要門は、西門（栄光の門）、北門（黒玉細工門）、南門（銀細工門）の三つからなり、「栄光の門」のタンパン（教会扉の上部彫刻）には聖書のモティーフが描かれ、識字率の低い中近世にあって、民衆教化に大きな役割を担った。巡礼者は北門から入り、聖ヤコブの遺骸を安置した主祭壇の前で祈ったあと、

図2　サンティアゴ教会

南門を通って教会の外に出た。北門、主祭壇、南門という巡拝コースは、聖ヤコブへの祈りを介した黒（黒玉）から白（銀）への人格変容、すなわち巡礼者の贖罪を象徴している。

聖地が聖性の空間的限定であるとすれば、聖年（ジュビレウス）は聖性の時間的限定を意味する。聖性は聖地と聖年という限定された時空間概念の交点においてこそ、もっとも強化されるのであり、そうした凝縮された聖性が多くの巡礼者を惹きつけるのである。伝承によればサンティアゴ教会はすでに一一七九年に、ローマ教皇から聖年布告特権を確認され、聖ヤコブの殉教日（七月二五日）が日曜日にあたる年を聖年とした。サンティアゴ教会の聖年は六年、五年、六年、一一年周期で設定されており、これらのなかに聖数を見て取ることも不可能ではない。最初の六と五で一一、次の五と六も一一、これに最後の一一を加えると三三になる。主イエスは三三歳で昇天しており、三三が聖数であることはいうまでもない。聖都サンティアゴはさながら「劇場都市」にして「中世のディズニーランド」であった。

巡礼行の実際

一二世紀の『サンティアゴ巡礼案内』は聖地サンティアゴに至る主要巡礼路を、トゥール（ないしパリ）、ヴェズレー、ル・ピュイ、トゥールーズ路の四本としている。これらはヨーロッパ全域に接合しており、フランス人、イタリア人、ドイツ人、イギリス人をはじめとする多くの外国人巡礼者を蝟集させることができた。四本の巡礼路はローマ教会による宗教的統合を象徴するかのように、ピレネー南麓の巡礼路都市プエンテ・ラ・レイナで一本になったが、多くの難所を含み、パリからでも片道一六〇〇キロメートルを超える「苦難の長旅」であった。巡礼路都市の教会や修道院には、聖ヤコブ、聖母マリア、聖マルタン、聖ジル、聖イシドーロなどの聖遺物が安置されており、巡礼の旅を聖遺物の横溢した「聖なる空間」のなかで実践される「聖遺物の旅」とした。プエンテ・ラ・レイナから旧カスティーリャ地方に入った巡礼者は、聖ヤコブの奇跡譚（死者の復活）で有名なサント・ドミンゴ・デ・カルサーダや、主要巡礼路都市のブルゴス、レオンなどに投宿しながら聖地をめざした。聖地に到達した巡礼者は、神の恩寵獲得の前提とされた清浄儀礼を経て、サンティアゴ教会に足を踏み入れた。「苦難の長旅」は聖ヤコブを祀ったサンティアゴ教会において、頂点に達したのである。

巡礼行の主要動機となったのは、霊的救済と病気治癒などの現世利益、あるいは両者を綯《な》い交《ま》ぜにした霊的物的利益であった。巡礼者は聖ヤコブのとりなしによる神の恩寵を期待して、聖地巡礼を実践したのである。巡礼者の性別構成は男性が巡礼者総数の約七割、女性は三割程度であった。女性巡礼者が少ないのは、旅の危険や家事労働が女性の移動を制約したからであり、民衆層の女性にとって巡礼行は家事からの解放（余暇）も意味した。巡礼者の職業・階層構成は多様であったが、その中心となったのは商人と手工業者に代表される民衆層であり、奇跡を期待する病人、慈善を求める貧民も多数確認される。

参入儀礼についていえば、旅費を工面することのできた巡礼者は、出発に先立ち、既成社会から

図３　司祭から祝福を受ける巡礼者（出典：A. デュプロン／田辺保監訳『サンティヤゴ巡礼の世界』222頁）

の離脱を表象する遺言状を作成し、貧民救済などの慈善活動を行うのが通例であった。その上で教区教会でのミサに参列し、教区司祭から巡礼杖と頭陀袋の祝福を受け、巡礼証明書を交付された。サンティアゴ巡礼者の装束は男女で多少異なり、男性巡礼者の場合は茶褐色の外衣、上着、ズボン（女性にあってはスカート）、鍔広の帽子、長靴を身に纏《まと》った。巡礼杖の先端には水やワインを入れる瓢箪が吊され、食料や下着、巡礼証明書、貨幣などが詰め込まれた頭陀袋の口は、「神の貧民」を象徴して紐なしで

あった。文化人類学や象徴人類学の解釈によれば、巡礼杖は男性の生殖器官を、また巡礼者が帰路に身につける金属製帆立貝は女性の生殖器官をシンボライズしている。

巡礼者の多くは、温暖で日照時間が長くなり、移動に適した春から夏にかけて巡礼行を実践した。移動日数はパリからでも往復三～四か月を要し、中世末期のオランダ人巡礼者を例にとると、旅費は手工業者の年収の半分近くに達した。巡礼者は免税特権を付与され、教会や王権の保護下に置かれた「神の貧民」であったが、現実にはさまざまな不法行為に曝された。窃盗や追いはぎ、度量衡違反、不法な通行税の徴収、不当な宿泊料金、宿屋での一時預かり品の着服などがそれであ

り、「苦難の長旅」での病気や怪我にも苛まれた。こうした旅の危険に対処するため、巡礼者は、相互扶助と自衛のための社会的結合として巡礼講を組織したのであった。

巡礼と慈善

「神の貧民」である巡礼者は、心身の疾患を抱えている者が少なくなく、健常者であっても、巡礼行の途中で病気や怪我をする者が続出した。そのためブルゴス、レオン、アストルガなどの巡礼路都市では教会・修道院や都市当局、兄弟団、王権などにより巡礼者への「接待」施設として施療院が開設され、巡礼者への無料の食事・宿泊サービス、医療サービスが提供された。施療院での巡礼者への慈善（救貧）は、巡礼者とイエスを同一視した聖書的言説の実践であるとともに、慈善主体の現世利益と霊的救済に寄与するものと観念されたためであった。聖ヤコブの奇跡譚も、巡礼者への慈善を人々のあいだに定着させる誘因として機能した。

救貧主体についていえば、一三世紀まで中心的役割を果たしたのは教会・修道院であり、宗教的規範に基づく「宗教的救貧」を基本とした。それは封建的支配層の「寛容」の表明であり、少数の貧民を対象とした「儀礼的救貧」としての性格を強く帯びていた。一四〜一六世紀になると、教会・修道院のみならず王権や都市当局、兄弟団といった俗人団体も「貧民」への慈善活動に組織的に関与し、多数の施療院が樹立された。俗人の組織的関与を意味する「世俗的救貧」が、封建制の危機に出来する多数の「貧民」の出現、都市的世界の拡充と不可分であったことはいうまでもない。

「貧民」観も中世末期以来、次第に変化した。一三世紀までの救貧は、寄進者の霊的救済を第一義的目的とした「儀礼的救貧」であり、少数ながらもすべての「貧民」を受容する「無差別の救貧」を原則とした。しかし一四〜一六世紀の「世俗的救貧」の時代には、社会秩序の維持や民衆の社会的規律化が重視され、「恥ずべき貧民」と「真の貧民」を区別する「差別的救貧」が救貧理念の基本となった。労働は神によって課せられた義務であり、十分な身体能力をもちながら、慈善に頼って労働を忌避する「恥ずべき貧民」は、社会秩序と公共の利益を損ない、神の恩寵獲得にも役立たない者とみなされたからである。中世末期〜近世において、救貧理念の重心は来世から現世に移動したのであり、そうしたなかで「真の貧民」だけが救済の対象とされ、「偽貧民」の排除と隔離が進行したのである。

救貧対象や救貧理念の変化は、慈善施設としての施療院にも大きな影響を及ぼした。教会・修道院を主要な経営母体とした一三世紀までの救貧は、多数の小規模な施療院の併存による「分権的救貧」を特色とした。だが中世末期以降、都市当局や王権が中心となって、これまでの小規模な施療院が再編され、サンティアゴ王立施療院のような総合施療院が主要都市に建設される。これらの総合施療院は、救貧活動の大規模化と効率化による「集権的救貧」を象徴するものであり、都市的救貧の強化を意味した。そこでの救貧対象者は「真の貧民」に限定され、医療サービスも拡充されて、ケアー（霊的救済）からキュアー（身体的治療）への転換が生じつつあった。王権と都市当局、教会はさまざまな限界を含みながらも、富者と貧者、病人と健常者を「同じ肉」を共有する者とみなし、キリスト教徒共同体の資源の一部を、慈善という「公共部門」に政策的に分配し始めたのである。その出発点となったのが、「神の貧民」である巡礼者への慈善活動である。

巡礼と観光

観光学でいうところの観光とは、一般に余暇活動の一部とされ、回帰を予定して行われる日常的生活圏からの一時的離脱行為、非日常圏で営まれる移動（旅行）を伴った余暇活動と定義される。非日常圏での余暇活動という点において、巡礼と観光に大差はないが、宗教的要素の濃淡――その識別は容易ではない――は、両者を分ける重要な指標の一つである。

巡礼行の主要動機が霊的救済と現世利益にあったにしても、巡礼者は観光にも多大な関心を示した。ヨーロッパ最初のガイドブックとされる、一二世紀の『サンティアゴ巡礼案内』や一五世紀のフィレンツェの無名氏による『サンティアゴ巡礼記』は、サンティアゴ教会をはじめとする教会・修道院ゆかりの聖人、聖遺物、奇跡に詳細に言及している。その一方で、サンティアゴ巡礼路都市の都市景観や特産物、各地の風俗と言語、施療院での食事・宿泊サービス、各地の流通貨幣と両替時の心得、巡礼路都市間の距離にもふれており、観光への関心を見て取ることができる。

『サンティアゴ巡礼案内』によれば、巡礼路都市エステーリャではパンもワインも良質だが、プエンテ・ラ・レイナ東部のサルド川の水や、ガリシア地方の川魚のニゴイは毒性がある。これらを飲食すれば病気になるので、摂取しないよう巡礼者に勧めている。ナバーラ（バスク）人への民俗学的関心も認められ、ナバーラ（バスク）人は野蛮でどう猛、下品、不誠実で、悪徳に染まり、まるでサラセン人（イスラム教徒）のようであったという。病気治癒に効能があるとされた金属製帆立貝と黒玉細工は、巡礼者により土産物として好んで購入されたが、それは現代人にも共通する観光行動である。巡礼が長距離移動を伴う宗教的営為である限り、それは宿屋や施療院での有料もしくは無料の食事・宿泊サービスと密接に関わらざるをえなかった。観光現象が前近代社会にも胚胎《はいたい》していたこと、巡礼行が世俗（観光）的要素を含む宗教的行為であることは、注目してよい。

ウォルシンガムの聖母——近代に復活したイングランドの巡礼地

吉田正広

二つの霊廟

イングランド東部ノーフォーク州の村落ウォルシンガム（図1）には現在、二つの聖母マリアの巡礼地がある。一つはイングランド教会（イギリス国教会）の霊廟で「ウォルシンガムの聖母アングリカン霊廟」Anglican Shrine of Our Lady of Walsinghamと呼ばれ、内部には「聖なる家」が置かれ、さらにそのなかに「ウォルシンガムの聖母」の像が安置されている。一方、村の中心から一マイル離れた所にローマ・カトリックの「ウォルシンガムの聖母」の像が「スリッパー・チャペル」と呼ばれる教会堂のなかに安置され、そこが巡礼地となっている。もともとはアングリカン霊廟と道を隔てた場所に本来の「ウォルシンガムの聖母霊廟」とそれを管理する修道院があったが、一六世紀の宗教改革の過程で破壊され、現在はカントリー・ハウスの庭園の一部としてかつての修道院のアーチのみが存在し、博物館とともに公開されている。

一六世紀の宗教改革の過程で修道院制度や巡礼行為が原理的に否定され、霊廟がすべて破壊されたイングランドにおいて、ウォルシンガムは近代以降に復活した数少ない巡礼地の一つである。ウォルシンガムにおける巡礼の復活を考察する際に注目しなくてはならないのは、イングランドにおけるローマ・カトリック教徒の熱心な信仰活動と、イングランド教会のなかの「アングロ・カソリック」派（高教会派とも呼ばれる）の独自な活動である。後者は、「使徒継承」を重視してキリスト教信仰の普遍性を説くとともに、聖像の安置や、懺悔の実施、修道院の復活など、ローマ・カトリックへの形態的な接近を大きな特徴とする。

中世における巡礼地の誕生

まず「ウォルシンガムの聖母霊廟」の成立についてみておくことにしよう。この霊廟はアングロ・サクソン時代の一〇六一年に設立されたことになっている。一六世紀末に出版された物語詩「ピンソン・バラッド」によると、一〇六一年にウォルシンガム在住の貴族の寡婦リチェルディスの夢に聖母マリアが出現し、夢のなかでパレスティナの「ナザレの家」を見せ、イングランドにそれを再現するように命じた。その後リチェルディスは、マリアのお告げ通りにウォルシンガムの地に「ナザレの家」のレプリカを「聖なる家」として建てた。「聖なる家」の内部には、受胎告知を表す聖母子と大天使ガブリエルの彫像が安置された。ただし、この霊廟の成立年代については異論があり、実際にはノルマン征服後の一一三〇年頃に設立されたと推定されている。

その後一一五三年には、「聖なる家」に隣接して、ウォルシンガム修道院が建設され、その修道

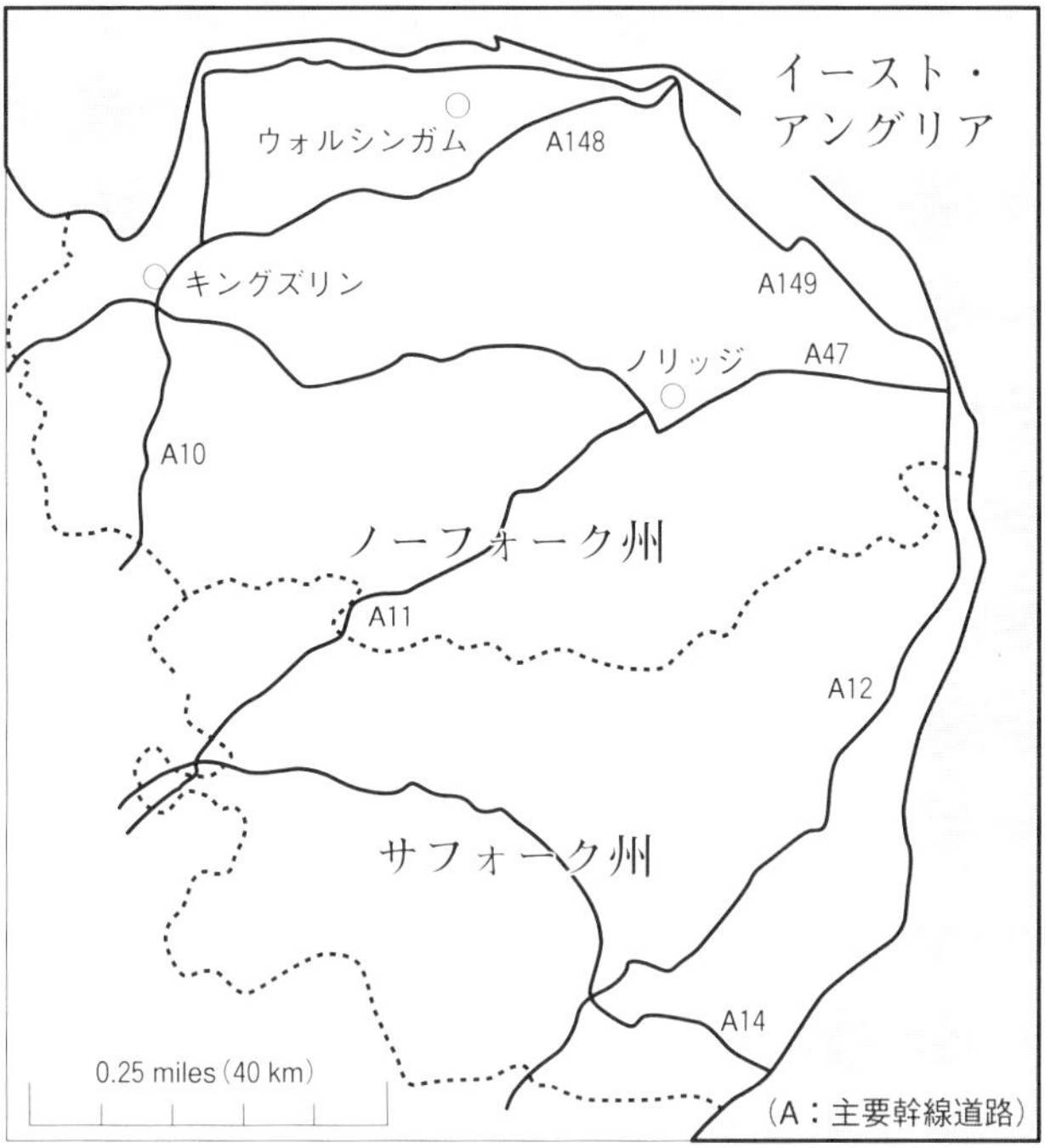

図1　イースト・アングリア地図

院に霊廟「聖なる家」の管理が委ねられた。この修道院は、イェルサレム巡礼を果たした息子のジェフリー・リチェルディスによって建設された。この「ウォルシンガムの聖母霊廟」は十字軍時代に聖地への関心が高まるなかで注目を浴び、隣接する泉の魅力も加わって、巡礼者の人気を博した。さらに、一三世紀にはヘンリー三世やエドワード一世など国王たちの巡礼や保護のもとで発展し、一四世紀にはイングランドの国民的な巡礼地となった。国王ヘンリー二世の騎士たちによって

図2　かつての修道院のアーチと庭園

暗殺された大主教トマス・ベケットの霊廟をめざしたカンタベリー巡礼よりも、多くの巡礼者を集めたともいわれている。しかしその一方で、霊廟を管理するウォルシンガム修道院における富の蓄積が進んで、教会改革を唱えたロラーズたち（宗教改革の先駆者ウィクリフの支持者たち）からは、「ウォルシンガムの悪魔」と呼ばれ、また、近隣のノリッジ司教と対立するなど、さまざまな批判を浴びるのもこの時期である。

この修道院は、一六世紀に一時ヘンリー八世の保護を得たが、やがて修道院長による不正が発覚し、院長は交代したものの、結局は宗教改革の激動のなかで一五三八年に解体された。霊廟は破壊され、聖母像はロンドンに運ばれて焼かれた。修道院の建物とその土地は一時王領地となったが、やがて売却されて私有地となり、かつての建物の一部と隣接する形でカントリー・ハウスが建てられ、礼拝堂東端のアーチだけが風景庭園の一部として現在にのこっている（図2）。

スリッパー・チャペルとローマ・カトリック

さて、近代における聖地ウォルシンガムの再建の問題を考える上で重要なのは、イングランドにおけるローマ・カトリック信仰の問題である。一六八九年の名誉革命によって確立した「名誉革命体制」は、プロテスタントのウィリアム三世とメアリー二世の共同統治のもとで、フランスに亡命したローマ・カトリックの王ジェームズ二世とその子孫をイングランドの正統な王位継承者から排除することを至上命題とした。当然、このような状況のなかでローマ・カトリック教徒は抑圧され、民衆の反感の的となった。一八世紀後半には一連のカトリック救済法によって権利が認められるようになるが、その過程で一七八〇年のゴードン暴動のように民衆の反感を浴びる事件も起こった。一九世紀に入り一八二九年のカトリック教徒解放法によってようやく彼らは公職に就く権利を公式に獲得する。また、産業革命期以来、アイルランド移民の増加の結果、イングランドにおけるローマ・カトリック信仰は大きな発展をみるのである。各地に教会堂や大聖堂が建設され、司教区も整備されていく。

さて、「ウォルシンガムの聖母霊廟」の再建の出発点になったのは、ウォルシンガムから一マイルほど離れた教会堂で、宗教改革以降、納屋や家畜の避難所として利用されていた、通称「スリッパー・チャペル」と呼ばれた教会堂であった。この教会堂は、ウォルシンガムへの巡礼路に一定の間隔を置いて巡礼者の宿泊や救護施設として整備された「巡礼路教会堂（way-side chapels）」の一つで、この教会堂から「聖なる家」までの一マイルは「聖なるマイル」と呼ばれ、巡礼者は靴を脱いで裸足で歩いた。一九世紀初めにローマ・カトリック教徒が、当時納屋として使われていた教会堂の前で礼拝した記録がのこされている。かつての修道院跡は地元有力者の私有地内にあり、敷地は高い壁で囲われ、一般の人々には出入りが困難であったことを考えると、ローマ・カトリック教徒にとって、「ウォルシンガムの聖母」を信仰する場としてスリッパー・チャペルはたいへん重要であった。

慈善活動家シャルロッテ・ボイドの夢

スリッパー・チャペルを再建しようとする動きは、ある女性によって始まった。シャルロッテ・ボイドは、ロンドンの裕福な商人の一族で、父方と母方の両方の財産を相続していた。また彼女は、イングランド教会のアングロ・カソリック派（高教会派）に属する慈善活動家であり、ロンドンのケンジントンで孤児院を運営していた。彼女は、古い修道院を借りて孤児たちとともに宿泊する活動も行い、一八九二年には自らの財産で修道院の遺跡を購入し、イングランド教会系の「イングランド修道院復興トラスト」に寄付した。このような活動は、イングランドにベネディクト派修道院を復興して孤児の面倒を看ようという彼女の希望に基づいていた。一八九三年にはウォルシンガム修道院の敷地の購入を計画したが、失敗している。一八九四年に彼女はベルギーに渡り、ローマ・カトリックの修道院を訪問して、結果的にローマ・カトリックに改宗した。帰国後、これまでイングランド教会に所属していた孤児院の施設は再び彼女の資産によって買い戻されている。

ローマ・カトリックに改宗したボイドは、一八九五年にスリッパー・チャペルを「ウォルシンガムの聖母霊廟」として再建する計画を立てた。翌年、彼女は自らの財産で納屋となっていた教会堂を購入して、それを修復した。しかしながら、ローマ・カトリックの司教の許可が得られず、再建されたスリッパー・チャペルでの正式なミサは実現しなかった。制作された「ウォルシンガムの聖母」の像はキングズリンの教会に安置された。一八九七年八月一九日にようやくキングズリンの「ウォルシンガムの聖母」への最初の巡礼が組織され、その翌日、二人の神父がスリッパー・チャペルへの巡礼を行った。この一八九七年のウォルシンガム巡礼が第一回巡礼とされ、その様子は、地元紙に伝えられている。それによると、列車で数百人のローマ・カトリックの巡礼者がウォルシンガムを訪れ、十字架を先頭に、蠟燭を掲げて「聖なるマイル」を歩いた。スリッパー・チャペルでの礼拝後、彼らは村の宿屋（イン）「ブラック・ライオン」で昼食をとり、午後三時台の列車で帰路についた。当時の村人たちは、好奇心をもってこれらの様子を観察したと報じられている。

その後スリッパー・チャペルは放置されたままになる。一八九六年にはすでにローマ・カトリックのダウンサイド修道院に寄贈されていたが、最終的にノーザンプトン司教に贈与された。カトリックのウォルシンガム巡礼が実際に復活するのは、後述するイングランド教会の司祭パテンによるアングリカン霊廟の再建がなされた一九三〇年代であった。一九三三年にローレンス・ヨーエンスがノーザンプトン司教に任命され、本格的な巡礼が復活する。この年、新しく制作された「ウォルシンガムの聖母」の像がスリッパー・チャペルに安置され、八月一五日の聖母被昇天日にヨーエンス司教によって「四〇〇年ぶりのミサ」が行われた。次の日曜日の八月一九日にはイングランドのボーン枢機卿が当地を訪れ、一万二〇〇〇人の信者がこの「国民巡礼」に参加した。この巡礼の際、ボーン枢機卿は自動車で、一般の信者は列車でロンドンからノリッジを経由してウォルシンガムを訪問した。

この「国民巡礼」をきっかけにスリッパー・チャペルは、「イングランド聖母の国民霊廟」に指定され、施設の整備が行われた。この年、霊廟の維持・管理のために「ウォルシンガムの聖母ギルド」が設立され、一九三五年にはウォルシンガム教区が創設されて、司祭が任命された。一九三七年には、フランシスコ会士がウォルシンガムに貧しい巡礼者のための療養所を開設した。こうして、一九三〇年代にローマ・カトリックの巡礼地として本格的な整備が始まった。教会堂にはステンドグラスが設置され、周囲には宿泊施設や野外施設、蠟燭の奉献のためのあらたな教会堂が建設され、現在に至っている。

アルフレッド・パテンとアングリカン霊廟

さて、現在、高い塀に囲まれたかつての修道院跡地と道を隔てて、真新しい「ウォルシンガムの

図３　現在のアングリカン霊廟（左の壁の向こう側にはかつての修道院跡がある）

聖母アングリカン霊廟」がある（図３）。このイングランド教会の霊廟の内部には、復元された「聖なる家」があり、そのなかに「ウォルシンガムの聖母」の像が安置されている。これらはどのような経緯で建設されたのだろうか。

一九二一年に、ウォルシンガムの教区教会オール・セインツ教会の主任司祭に、アルフレッド・ホープ・パテンが就任した。パテンは、イングランド教会のアングロ・カソリック派（高教会派）に属する聖職者で、自らの信仰を赴任したばかりの教区教会で実現しようとした。パテンは、まず、「ウォルシンガムの聖母」の像のレプリカを制作し、教区教会内に安置した。しかし、イングランド教会のノリッジ主教はこれに反対し、パテンは聖母像安置のために別の新たな霊廟の建設をめざすことになる。

新霊廟の建設の過程でアングロ・サクソン時代のものとされる古い井戸が発見された。井戸の遺構とともに柱の遺構も発見され、その上に「聖なる家」を建設することになった。パテンはこの土地の所有者ウィリアム・ミルナーの考古学者としての見解に基づいて、この発見された井戸が中世の修道院の一部であり、ここが本来の「聖なる家」の遺構であると主張した。古井戸の発見という「奇跡」が、考古学的に新霊廟の正統性を裏づけたのである。また、再建された「聖なる家」の白壁には、「パテンの石」といわれる多数の遺跡の破片が埋め込まれている。これらの破片は、イングランド各地の修道院跡地から集められたものである。これらは、ローマ・カトリックの「ウォルシンガムの聖母霊廟」と対抗して、国教会の「聖なる家」の正統性を裏づけると同時に、宗教改革で破壊された修道院の伝統を現代に復興しようとするアングロ・カソリックの考え方を示すものであった。

一九三一年に新霊廟が完成し、オール・セインツ教会から新霊廟まで、「ウォルシンガムの聖母」の像とともに三〇〇〇人の人々が「巡礼」を果たした。この様子は写真とともに地方紙に報じられた。それによれば、新霊廟の土地所有者で考古学者であったミルナーを先頭に、聖職者に担がれた「ウォルシンガムの聖母」の像が続き、そのあとを多くの人々が行列した。これがイングランド教会の第一回巡礼とされ、以後、「巡礼」が組織され、行列（プロセッション）が行われている。

新しいアングリカン霊廟は、パテンの信ずるアングロ・カソリックの教えに基づいて整備された。堂内には多くの聖像が置かれ、蠟燭を奉献する設備が備え付けられている。また、懺悔のための部屋も設置され、暗い堂内そのものが独特の雰囲気を醸し出している。これらはいずれも、イングランド教会に属する教会一般には見られない特徴である。

パテンによる新霊廟の建設は、アングロ・カソリックとローマ・カトリックとの対抗関係を強めた。すでに述べたように、建設過程での井戸と柱の遺構の発見は真の「聖なる家」の所在をめぐる論争を引き起こした。また、新霊廟の礎石には、「ピウス一一世が教皇で、バートラムがノリッジ主教で、ホープ・パテンがウォルシンガム教区司祭であったときに」建設された旨の文章がラテン語で刻まれた。ローマ教皇とイングランド教会のノリッジ主教とパテンの名前が併記されたこの礎石は、ローマ・カトリック側からも、イングランド教会側からも非難された。この碑文そのものが、パテンのアングロ・カソリックの立場を示している。当初、新霊廟への巡礼者の多くは、イングランド教会のなかのアングロ・カソリックの信者であり、自らの信仰を再確認するための巡礼であったといわれている。

宗派を超えた現代の巡礼地へ

現在のウォルシンガム巡礼はどのように行われているのだろうか。ローマ・カトリックの場合、ウォルシンガム巡礼は組織的に行われ、巡礼者は鉄道や自動車を利用してウォルシンガムをめざしたが、スリッパー・チャペルまでの「聖なるマイル」は歩いた。一九四八年に組織された「学生十字架巡礼」の際には、巡礼者はロンドンなど各地からウォルシンガムまで巨大な十字架を担いで歩いた。このように、巡礼は、組織的かつ大規模に行われ、徒歩での巡礼も行われている。これらの巡礼者は、スリッパー・チャペル周辺、あるいは村の中心に整備された研修施設や宿泊施設を利用するのである。

イングランド教会の場合、村のなかを「ウォルシンガムの聖母」の像を担いで練り歩く行列（プロセッション）が「巡礼」と呼ばれている。また、ウォルシンガムのアングリカン霊廟での宿泊・研修全体が「巡礼」と呼ばれている。自己の人生のあり方を考える宗教教育として巡礼を位置づけているように思われる。教区を単位とした組織化された「巡礼」や、夏休みを利用した児童向けの「子供巡礼」は、公立学校で行われている宗教教育を補完する役割を担っているともいえよう。

ところでこのウォルシンガムにはさまざまな宗派のキリスト教が進出している。古くは、メソディストの教会堂が一七九四年に建設されているし、一九六七年には廃線となった鉄道の駅舎を利用して、ロシア正教会の教会堂が建設され、一九八三年には「ウォルシンガムの聖母のイコン」の奉献と行列が行われた。このような状況のなかで、一九八〇年代以降、ローマ・カトリックとイングランド教会のあいだで、宗派を超えた交流がなされている。イングランド教会のカンタベリー大主教がスリッパー・チャペルを訪問したり、カトリックの「ウォルシンガムの聖母」の像がアングリカン霊廟を訪問したりし、さらに一九九六年にはイングランド教会のノリッジ大主教がスリッパー・チャペルで礼拝を実施した。二〇〇一年には、九月二四日がウォルシンガムの聖母の祭日と定められ、カトリックとイングランド教会の共同礼拝がその日に挙行された。こうして、ノーフォーク州の田園地帯の小さな村には、多様な宗派の教会と多様な巡礼の施設が整備され、毎年多くの巡礼者と観光客を集めている。

◆引用・参考文献

Ⅰ　四国遍路の歴史と諸相

小嶋博巳
石川重雄「巡礼者の道と宿」『しにか』四巻九号　一九九三年
小田匡保「巡礼類型論の再検討」『京都民俗』七　一九八九年
木間瀬精三「西欧世界の巡礼――聖人崇敬の経路――」聖心女子大学キリスト教文化研究所編『巡礼と文明』春秋社　一九八七年
小嶋博巳「六十六部廻国とその巡礼地」平成一六年度愛媛大学国際シンポジウムプロシーディングズ『四国遍路と世界の巡礼』二〇〇五年
田中智彦『聖地を巡る人と道』岩田書院　二〇〇四年
速水　侑『観音信仰』塙書房　一九七〇年
星野英紀『四国遍路の宗教学的研究』法藏館　二〇〇一年

寺内　浩
愛媛県生涯学習センター『四国遍路のあゆみ（平成一二年度遍路文化の学術整理報告書）』二〇〇一年
五来　重『遊行と巡礼』角川書店　一九八九年
近藤喜博『四国遍路』桜楓社　一九七一年
近藤喜博『四国遍路研究』三弥井書店　一九八二年
寺内　浩「平安時代の四国遍路――辺路修行をめぐって――」『愛媛大学法文学部論集』人文学科編一七　二〇〇四年

根井　浄『補陀落渡海史』法藏館　二〇〇一年
宮崎忍勝『遍路——その心と歴史——』小学館　一九七四年
宮崎忍勝『四国遍路——歴史とこころ——』朱鷺書房　一九八五年
頼富本宏・白木利幸『四国遍路の研究』国際日本文化研究センター　二〇〇一年

西　耕生

川口久雄訳注『新猿楽記』〈東洋文庫424〉平凡社　一九八三年
小西甚一『梁塵祕抄考』三省堂　一九四一年
新城常三『新稿　社寺参詣の社会経済史的研究』塙書房　一九八二年
関口真規子「中世修験における聖宝信仰」『史艸』第四三号　日本女子大学史学会　二〇〇二年
田中智彦「巡礼と順礼——文献史料と納札からみた中世の西国巡礼の表記——」『巡礼論集1　巡礼研究の可能性』岩田書院　二〇〇〇年
戸田芳実『歴史と古道　歩いて学ぶ中世史』人文書院　一九九二年
長谷川賢二「南北朝時代の写経と山伏」『博物館ニュース』No.61　徳島県立博物館　二〇〇五年
別子山村史編纂委員会『別子山村史』愛媛県別子山村　一九八一年
毎日新聞社編『四国霊場八十八ヶ所　空海と遍路文化展』（図録）毎日新聞社　二〇〇二年
宮家　準・糸賀茂男「八菅山の修験道」『日光山と関東の修験道』〈山岳宗教史研究叢書8〉名著出版　一九七九年
御遠忌八〇〇年記念特別展『大勧進　重源』（図録）奈良国立博物館　二〇〇六年

川岡　勉

伊予史談会編『四国遍路記集』伊予史談会　一九八一年
愛媛県生涯学習センター『四国遍路のあゆみ（平成一二年度遍路文化の学術整理報告書）』二〇〇一年
愛媛県土木部道路都市局都市整備課『道後公園（湯築城跡）整備工事報告書』二〇〇三年

北川淳一郎『熊野山石手寺』石手寺　一九六二年
近藤喜博『四国遍路』桜楓社　一九七一年
近藤喜博『四国遍路研究』三弥井書店　一九八二年
白井優子『空海伝説の形成と高野山』同成社　一九八六年
毎日新聞社編『四国霊場八十八ヶ所　空海と遍路文化展』（図録）毎日新聞社　二〇〇二年
山内譲「『一遍聖絵』と伊予国岩屋寺」『中世の寺社と信仰』吉川弘文館　二〇〇一年
弓野瑞子「中世伊予の熊野信仰」『一遍聖絵を読み解く』吉川弘文館　一九九九年
頼富本宏・白木利幸『四国遍路の研究』国際日本文化研究センター　二〇〇一年
渡邊昭五「四国遍路と衛門三郎の絵解き」『講座　日本の伝承文学8　在地伝承の世界（西日本）』三弥井書店　二〇〇〇年

内田九州男

伊予史談会編『四国遍路記集』伊予史談会　一九八一年
内田九州男「四国八十八ヶ所の成立時期をめぐって」『愛媛大学戦略的プロジェクト研究成果報告書「四国のかたち」の解明とそのパフォーマンスを規定する要因の分析』二〇〇四年
内田九州男「高知県いの町（旧本川村）所在鰐口銘文の紹介と検討――八十八ヶ所成立論根拠資料の再吟味――」平成一八年度愛媛大学公開シンポジウムプロシーディングズ『現代の巡礼――四国遍路と世界の巡礼――』二〇〇七年
岡本桂典「土佐国越裏門地蔵堂の鰐口と四国八十八カ所の成立」『考古学叢考　中巻』吉川弘文館　一九八八年
景浦直孝「円明寺と四国遍路」『伊豫史談』一〇号　一九一七年
木崎愛吉『大日本金石史』（復刻版）歴史図書社　一九七二年
高知県土佐郡本川村『本川村史』本川村　一九七九年
高知県土佐郡本川村『本川村史第二巻　社寺・信仰編』本川村　一九八九年

近藤喜博『四国遍路』桜楓社　一九七一年
近藤喜博編『四国霊場記集』勉誠社　一九七三年
新城常三『社寺参詣の社会経済史的研究』塙書房　一九六四年
新城常三『新稿社寺参詣の社会経済史的研究』塙書房　一九八二年
武市佐市郎「土佐考古志」『高知県史　考古資料編』高知県　一九七三年
前田　卓『巡礼の社会学』ミネルヴァ書房　一九七一年
宮崎忍勝『遍路――その心と歴史』小学館　一九七四年
「せつきやうかるかや」『天理図書館善本叢書　古浄瑠璃続集』八木書店　一九七九年

河合眞澄

田中智彦「日本の巡礼と四国遍路」平成一三年度愛媛大学公開講座プロシーディング『四国遍路と世界の巡礼』二〇〇一年
山本秀夫「近世期の「へんろ」と村社会――往来手形と日記を通して――」平成一五年度愛媛大学国内シンポジウムプロシーディングズ『四国遍路と世界の巡礼』二〇〇四年

なお、引用底本は左記の通りであるが、表記を改めた箇所がある。

『四国辺路』（近世文藝叢刊Ⅲ『龝刻　絵入狂言本集　上』）
『嵯峨天皇甘露雨』（岩波書店刊『近松全集』第九巻）
『竹篦太郎怪談記』（『歌舞伎台帳集成』第十五巻）
『傾城建仁寺供養』（同　第一巻）
『幼稚子敵討』（同　第八巻）
『恋飛脚千束文月』（同　第九巻）
『金門五山桐』（同　第三十六巻）
『袖簿播州廻』（同　第三十八巻）

『傾城阿波の鳴門』（叢書江戸文庫『近松半二浄瑠璃集〔二〕』）

Ⅱ　アジアとヨーロッパの巡礼

高橋弘臣

伊井春樹『成尋の入宋とその生涯』吉川弘文館　一九九六年
石井正敏「入宋巡礼僧」『アジアのなかの日本史』五　東京大学出版会　一九九三年
遠藤隆俊「宋代中国のパスポート――日本僧成尋の巡礼――」『史学研究』二三七　二〇〇二年
王　麗萍『宋代の中日交流史研究』勉誠出版　二〇〇二年
上川通夫「涯然入宋の歴史的意義」『愛知県立大学文学部日本文化学科論集』五〇　二〇〇二年
塚本善隆「成尋の入宋旅行記に見る日中仏教の消長」『塚本善隆著作集』六　大東出版社　一九七四年
日比野丈雄・小野勝年『五臺山』座右宝刊行会　一九四一年
藤善眞澄『参天台五臺山記の研究』関西大学出版部　二〇〇六年
森　克己『日宋貿易の研究』国立書院　一九四八年
森　公章「入宋僧成尋とその国際認識」『白山史学』三九　二〇〇三年

矢澤知行

愛宕松男訳注『東方見聞録』（全二巻／東洋文庫）平凡社　一九七〇～一九七一年
佐伯好郎『元主忽必烈が欧州に派遣したる景教僧の旅行誌』待漏書院　一九三二年
月村辰雄・久保田勝一訳『全訳マルコ・ポーロ東方見聞録』岩波書店　二〇〇二年
那谷敏郎『十三世紀の西方見聞録』新潮社　一九九三年
家島彦一訳注『大旅行記』（全八巻／東洋文庫）平凡社　一九九六～二〇〇二年
家島彦一『イブン・バットゥータの世界大旅行』平凡社　二〇〇三年

大稔哲也
大稔哲也「中世エジプト・イスラム社会の参詣・聖墓・聖遺物」歴史学研究会編『地中海世界史4　巡礼と民衆信仰』青木書店　一九九九年
大稔哲也「イスラーム世界の参詣」『岩波講座世界歴史10　イスラーム世界の発展7–16世紀』岩波書店　一九九九年
小嶋博巳「遍路と巡礼――その構造比較――」平成一五年度愛媛大学国内シンポジウムプロシーディングズ『四国遍路と世界の巡礼』二〇〇四年
小嶋博巳「利根川下流域の新四国巡礼」講座『日本の巡礼第三巻　巡礼の構造と地方巡礼』雄山閣　一九九六年
新城常三「近世における地方霊場の発達」講座『日本の巡礼第三巻　巡礼の構造と地方巡礼』雄山閣　一九九六年
真野俊和「巡礼」新谷尚紀・関沢まゆみ編『民俗小辞典　死と葬送』吉川弘文館　二〇〇六年
野町和嘉『メッカ』岩波新書　二〇〇二年
浜本武雄訳『マルコムX自伝』河出書房新社　一九九三年
菅谷成子
池端雪浦『フィリピン革命とカトリシズム』勁草書房　一九八七年
池端雪浦「フィリピンにおける植民地支配とカトリシズム」石井米雄編『講座東南アジア学第四巻　東南アジアの歴史』弘文堂　一九九一年
イレート、レイナルド・C／川田牧人ほか訳『キリスト受難詩と革命』法政大学出版局　二〇〇五年
清水　展「マニラ近郊町における聖週間の儀礼空間――キリスト受難の追体験をめぐって」友杉孝編『アジア都市の諸相――比較都市論にむけて――』同文館出版　一九九九年
寺田勇文「外来と土着――フィリピンにおける民衆カトリシズム世界」前田成文編『講座東南アジア学第五巻　東南アジアの文化』弘文堂　一九九一年

400 Years of Our Lady of Caysasay: A Commemorative Magazine, December 8-9, 2003, Blessed Virgin of Caysasay Foundation, 2003.

山川廣司

ケレーニイ、カール／岡田素之訳『医神アスクレピオス』白水社　一九九七年
桜井万里子・本村凌二『世界の歴史5　ギリシアとローマ』中央公論社　一九九七年
周藤芳幸・澤田典子『古代ギリシア遺跡事典』東京堂出版　二〇〇四年
関　哲行「序」歴史学研究会編『地中海世界史4　巡礼と民衆信仰』青木書店　一九九九年
高津春繁『ギリシア・ローマ神話辞典』岩波書店　一九六〇年
パウサニアス／馬場恵二訳『ギリシア案内記』下　岩波文庫　一九九二年
馬場恵二『癒しの民間信仰――ギリシアの古代と現代』東洋書林　二〇〇六年
渡邊昌美「ヨーロッパの巡礼」懐徳堂友の会編『道と巡礼』和泉書院　一九九三年
渡邊昌美「第1章　巡礼総論　奇跡、聖者、聖遺物、そして巡礼」歴史学研究会編『地中海世界史4　巡礼と民衆信仰』青木書店　一九九九年
Dillon, Matthew, *Pilgrims and Pilgrimage in Ancient Greece*, Routldge, 1997.
Dittenbergerer, W., *Sylloge Inscriptionum Graecarum III*, Georg Olms, 1982.
Edelstein, E. J., & L. Edelstein, *Asclepius*, The John Hopkins UP, 1945, 1998.
Hart MD, Gerald D., *Asclepius – the God of Medicine–*, the Royal Society of Medicine Press Limited, 2000.
Hornblower, S. & A. Spawforth eds., *THE OXFORD CLASSICAL DICTIONARY*, Oxford, 1996, Third edition Asclepius の項
Price, Simon, *Religions of the Ancient Greeks*, Cambrdige UP, 1999.
Voutsas, C., *Epidauros and Museum*, Athens.

関　哲行
ウォラギネ、ヤコブス・デ・／前田敬作訳『黄金伝説二』人文書院　一九八四年
杉谷綾子『神の御業の物語』現代書館　二〇〇二年
関　哲行「中世のサンティアゴ巡礼と民衆信仰」歴史学研究会編『巡礼と民衆信仰』青木書店　一九九九年
関　哲行「中近世スペインの救貧」『中世環地中海圏都市の救貧』慶応大学出版会　二〇〇四年
関　哲行『スペイン巡礼史』講談社現代新書　二〇〇七年
デュプロン、アルフォンス／田辺保監訳『サンティヤゴ巡礼の世界』原書房　一九九二年
渡邊昌美『中世の奇跡と幻想』岩波新書　一九八九年
Bravo, Lozano M., *Guía del peregrino medieval*, Sahagún, 1989.

吉田正広
浜林正夫『イギリス宗教史』大月書店　一九八七年
Coleman, Simon and John Elsner, "Pilgrimage to Walsingham and the Re-Invention of the Middle Ages," J. Stopford, *Pilgrimage Explored*, York, 1999.
Dickinson, J. C., *The Shrine of Our Lady of Walsingham*, Cambridge, 1956.
Moore, Kate, *Walsingham: Charlotte Boyd 1837-1906*, Walsingham, 1998.
Rollings, Peter, *Walsingham England's Nazareth: An Account of England's National Shrine of Our Lady at Walsingham*, Fakenham, 1998.

◆執筆者略歴（五十音順）

内田九州男（うちだ　くすお）
一九四五年生まれ。京都大学文学部卒。愛媛大学教授。専攻は日本近世史。『愛媛県の歴史』（共著、二〇〇三年）。

大稔哲也（おおとし　てつや）
一九六〇年生まれ。山形大学・九州大学を経て、現在東京大学大学院人文社会系研究科准教授。専攻は中東社会史。

神楽岡幼子（かぐらおか　ようこ）
一九六三年生まれ。愛媛大学准教授。専攻は日本芸能史・日本近世文学。著書『歌舞伎文化の享受と展開』。

加藤国安（かとう　くにやす）
一九五二年生まれ。愛媛大学教授を経て、現在名古屋大学教授。専攻は中国古典詩。著書に『越境する庾信』など。

河合眞澄（かわい　ますみ）
一九五二年生まれ。愛媛大学教授を経て、現在大阪府立大学教授。専攻は日本近世文学。著書『近世文学の交流』。

川岡　勉（かわおか　つとむ）
一九五六年生まれ。愛媛大学教授。専攻は日本中世史。『室町幕府と守護権力』『中世の地域権力と西国社会』。

小嶋博巳（こじま　ひろみ）
一九五三年生まれ。ノートルダム清心女子大学教授。専攻は民俗学。『西国巡礼三十三度行者の研究』（編著）ほか。

菅谷成子（すがや　なりこ）
愛媛大学教授。専攻は東南アジア史、フィリピン近世・近代史。

関　哲行（せき　てつゆき）
一九五〇年茨城県生まれ。上智大学大学院修了。流通経済大学社会学部教授。専攻は中近世スペイン史。

高橋弘臣（たかはし　ひろおみ）
一九六二年生まれ。愛媛大学准教授。専攻は中国宋元代史。著書に『元朝貨幣政策成立過程の研究』。

寺内　浩（てらうち　ひろし）
一九五五年生まれ。愛媛大学教授。専攻は日本古代史。主要著書は『受領制の研究』（塙書房　二〇〇四年）。

西　耕生（にし　こうせい）
一九六〇年生まれ。大阪市立大学大学院後期博士課程単位取得退学。愛媛大学教授。専攻は日本古典文学。

藤田勝久（ふじた　かつひさ）
一九五〇年生まれ。愛媛大学教授。専攻は中国古代史。著書に『項羽と劉邦の時代』『司馬遷の旅』などがある。

松原弘宣（まつばら　ひろのぶ）
一九四六年生まれ。愛媛大学教授。専攻は日本古代史。『日本古代水上交通史の研究』『古代国家と瀬戸内海交通』。

矢澤知行（やざわ　ともゆき）
一九六九年生まれ。愛媛大学准教授。専攻はモンゴル時代・元朝史。博士（文学）。

山川廣司（やまかわ　ひろし）
一九四七年生まれ。愛媛大学教授。専攻は古代ギリシア史。「ミュケナイ時代の宗教(1)」『愛媛大学法文学部論集』22。

吉田正広（よしだ　まさひろ）
一九五六年生まれ。東京都立大学大学院人文科学研究科博士課程退学。愛媛大学教授。専攻はイギリス現代史。

若江賢三（わかえ　けんぞう）
一九四九年生まれ。愛媛大学教授。専攻は中国古代史、法制史、仏教史。共著に『日蓮の説いた故事・説話』。

四国遍路と世界の巡礼

二〇〇七年五月二〇日　初版第一刷発行

著　者　四国遍路と世界の巡礼研究会
発行者　西村七兵衛
発行所　株式会社　法藏館
京都市下京区正面通烏丸東入
郵便番号　六〇〇-八一五三
電話　〇七五-三四三-〇〇三〇（編集）
〇七五-三四三-五六五六（営業）

装幀者　杉浦康平＋佐藤篤司＋副田和泉子
印刷・製本　亜細亜印刷株式会社

ISBN 978-4-8318-5681-4 C1015

神仏習合の聖地	村山修一著	三、四〇〇円
聖地の想像力　参詣曼荼羅を読む	西山　克著	三、二〇〇円
日本人と民俗信仰	伊藤唯真著	二、五〇〇円
立山曼荼羅　絵解きと信仰の世界	福江　充著	二、〇〇〇円
いざなぎ流　祭文と儀礼	斎藤英喜著	三、六〇〇円
四国遍路の宗教学的研究	星野英紀著	九、五〇〇円
補陀落渡海史	根井　浄著	一六、〇〇〇円

価格税別